U0506577

宫崎市定亚洲史论考

中国聚落形态的变迁

[日]宫崎市定 著

张学锋 马云超 石洋 译

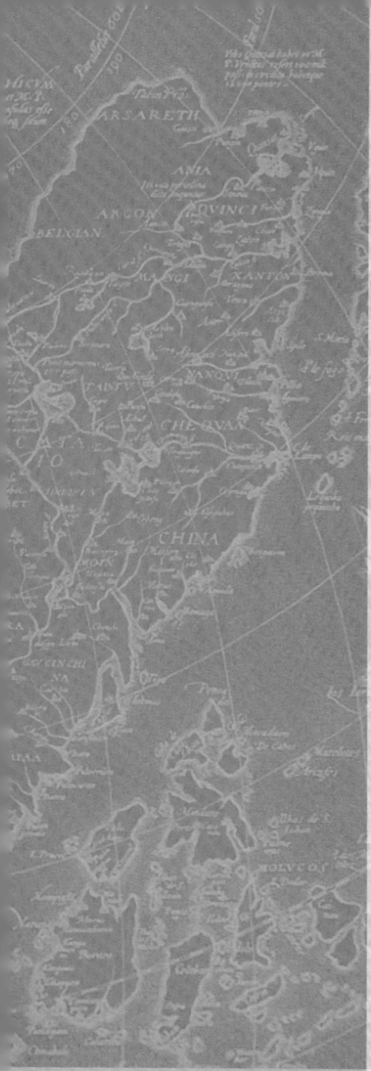

图书在版编目(CIP)数据

中国聚落形态的变迁 /（日）宫崎市定著;张学锋,马云超,石洋译. —上海：上海古籍出版社，2018.5
（宫崎市定亚洲史论考）
ISBN 978-7-5325-8812-1

Ⅰ.①中… Ⅱ.①宫… ②张… ③马… ④石… Ⅲ.①聚落地理—研究—中国 Ⅳ.①K928.5

中国版本图书馆 CIP 数据核字(2018)第 077362 号

宫崎市定亚洲史论考
中国聚落形态的变迁
［日］宫崎市定 著
张学锋 马云超 石 洋 译
上海古籍出版社出版发行
（上海瑞金二路 272 号 邮政编码 200020）
（1）网址：www.guji.com.cn
（2）E-mail：guji1@guji.com.cn
（3）易文网网址：www.ewen.co
苏州市越洋印刷有限公司印刷
开本 850×1168 1/32 印张 5.5 插页 5 字数 109,000
2018 年 5 月第 1 版 2018 年 5 月第 1 次印刷
ISBN 978-7-5325-8812-1
K·2474 定价：39.00 元
如有质量问题,请与承印公司联系

目录

中国聚落形态的变迁
——关于邑、国、乡、亭、村的考察

一　上古的邑、国与汉代的乡、亭

我是坚信中国古代存在过都市国家的人之一，迄今为止，亦曾数次发表过这样的观点。然而，我的中国都市国家论，并不仅仅限于春秋时期那种庞大的都市国家，而且还与大都市国家赖以成立的基础——一般聚落形态有着必然的关联。如果先讲结论的话，那就是都市国家的形成，必须以高度发达的集村型聚落形态为前提，而中国古代的聚落形态，我觉得正是这种集村型的典型。

在既无都市国家的经验，又几乎见不到发达的集村型聚落的日本，每当以都市国家作为问题进行研究时，总是容易招致意想不到的误解。都市国家这个词，毋庸多言，源自希腊语的 Polis，起先被译成英语 city state,后来就此被译成日语,成了“都市国家”。这个译法不是很恰当,我们很难依据这个译语来讨论它的实态,例如,讲到“都市”这个词,其意并非特指商业都市,讲到“国家”,原则上也并非是指拥有广大领土的组织,因此,我们必须通过对“都市国家”的直接观察来探究其实态。关于这一点,对我们来说最值得参考的,是已故坂口昂博士所著《世界的希腊文明潮流》第27 页以下对西方都市国家性质的一段说明:

> 在意大利东海岸,从巴里到伦巴第;在西海岸山清水秀的那不勒斯湾,从那不勒斯市到庞贝城遗迹,这两大片区域中分布着既有一定的间隔又相互连续的都市群。这种都市群正是古代都市国家并立的最好例证。简而言之,今天的那不勒斯市虽然已经发展成为大都市,但在古典世界中却不应该是这样的状态;除那不勒斯这个例外外,其他城市的人口均在一至六七万之间,如果乘火车旅行的话,每开出二三里,[①]就会看到一座这样的城市。城市与城市之间的山丘田地上,橄榄繁茂,葡萄丰实,豆麦青秀,其间除偶见劳作者居住的小屋外,看不到任何有人定居的村落。农民们都住在什么地方呢?其实,他们都住在各自的城市中。如果有幸在早晨或傍晚正好经过这一带的国道,那你就会看到这样一幅景象:农夫们赶着马

① 这里的“里”是日本传统的距离单位,一里等于四公里。

车，车上装着农具，早晨成群地离开城市，傍晚则又成群地回到城市。这一带之所以能够形成为数众多的城市，且各城市的人口也比较多，主要原因并不是由于工商业者的聚集。造成这一现象的最大原因，是几乎所有的农民都远远地离开各自耕种的土地而居住在城市之中。或许南欧的地主和农民都意识到了城市生活对他们的重要性，认为这种生活对他们来说是一日不可缺的。每到傍晚，他们必定迈出家门，到市中的散步道去逍遥闲逛，到经常出入的咖啡店与朋友邻人谈笑嬉玩。在这等日常行为中，实践着与他们身份相符的所谓政治运动。

从以上的说明可以看出，所谓“都市国家”，其原始意义并不是雅典、克里特等城市所代表的那种大国家，而是指被称为“集村型聚落”的一个个聚落，这才是典型的都市国家。

在中国，“国”这个词，可以指战国七雄那样的强国，汉代把相当于一个郡或一个县大小的土地赐给封建领主时，其封地也可以称作“国”。可以想象，这一类性质的“国”，其土地是相当宽广的。但是，“国”的概念，原本好像并没有这么大，例如《战国策》中《赵策・襄文王》条云：

古者四海之内分为万国，城虽大无过三百丈者，人虽众无过三千家者。

这里所谓的“万国”,不用说只是形容数量之多,而数量多的同时也就意味着其形制小。所谓三百丈之城,是指城周三百丈,如按正方形计算,则一边长约七十五丈,约合现在的225米。其大小虽然只相当于一个普通的运动场,但这样的城才是原本意义上的城,亦即古希腊式的城堡(akropolis)。城堡之下还有比它大十倍左右的城下街区,城下街区的周围有城郭环绕。居住在城下街区的居民有三千家,如果以一家五口计算,则有人口一万五千。这在当时已经是最大的“国”了。

上古时期的中国,“万国”是实际存在的。按中国人的传统看法,国的数量是逐步减少的,其代表性的观点是《续汉书·郡国志》序的刘昭注。刘昭引皇甫谧《帝王世纪》称夏朝禹王时有万国,但到了殷商初年就只剩三千余国了,周初有一千七百七十三国,春秋初年有一千二百国,国的数量就是这样一步步减少的。刘昭一方面照抄《帝王世纪》的材料,一方面又对春秋时期有一千二百国的说法表示怀疑,他认为春秋时期正如《汉书》所说的那样,不过数十国而已。其实,这个数字与“国”的定义有关,是仅数历经争战而保持独立的国家,还是连失去独立的附庸国也一起数上?数法不同,其结果也就大相径庭。在中国古代,存在着众多的“国”,而且越往古代,保持独立的国的数量就越多,这种说法应该予以承认。然而,这种古国,在汉代社会中又留下了些什么样的痕迹呢？我之所以这么问，是因为以汉代的遗迹为线索上溯更远的古代，这个研究方法是最有效的。

如前所述，“国”这个称呼一直保存到汉代。皇帝赐予封建诸侯土地，名之为“国”，国的大小有的与郡相当，有的与县相当。古代的国名，有些被汉代诸侯国原封不动地保留了下来，如陈国、鲁国等大国；有些作为郡名被保留了下来，如魏郡等；有些作为县名被保留下来，如上蔡县、南顿县等，而作为县名保留下来的事例最多。

汉代县以下更小的地域区划还有乡、聚、亭等名称，而上古时期的国名以这些小地域区划而保留下来的相当多。若要探讨这些问题，最具史料价值的是《续汉书·郡国志》，《汉书·地理志》反倒没有多大作用。原因是《汉书·地理志》成书的东汉前期，上古时期的聚落没有发生太大的变化，基本上原样不动地保存了下来，这样，人们就没有兴趣回过头去追寻其沿革变化。与此相反，东汉末期的社会大动乱，给过去的聚落形态造成了根本性的破坏，《续汉书·郡国志》及其注文显示，晋朝和南朝萧梁时期，上古时期的聚落作为废墟而残存下来的非常多，这让人们迫切地感觉到有必要对这些废墟的历史沿革进行记录和考证。《续汉书·郡国志》中，县名之下还记载了乡、聚、亭或城的名称，在作者司马彪的自注和萧梁时期刘昭所作的注里，对这些地名进行了考证，明确它们与上古时期尤其是春秋时期某国的对应。这种例子很多，今作一览表如下：

所在郡名	所在县名	乡、聚、亭、城名	对应古国名
左冯翊	临　晋	芮　乡	古芮国
颍　川	父　城	应　乡	杜预曰应国
东　郡	白　马	韦　乡	杜预曰古豕韦氏之国
济北国	蛇　丘	遂　乡	古遂国
北海国	即墨侯国	棠　乡	杜预曰棠国也
东　莱	掖侯国	过　乡	故过国
南　阳	章　陵	上唐乡	前《志》曰故唐国
汝　南	期　思	蒋　乡	故蒋国
梁　国	宁　陵	葛　乡	故葛伯国
河南尹	雒　阳	上程聚	古程国
巨　鹿	下曲阳	鼓　聚	故翟鼓子国
河南尹	梁	虢　亭	虢叔国
河　东	皮　氏	冀　亭	杜预曰国在县东北
汝　南	西　平	柏　亭	故柏国
汝　南	弋阳侯国	黄　亭	故黄国
汝　南	褒信侯国	赖　亭	故国
山　阳	昌　邑	甲父亭	杜预曰甲父古国名
乐安国	寿　光	灌　亭	古灌国
北海国	平　寿	寒　亭	古寒国
东　莱	黔陬侯国	介　亭	杜预曰号介国
上　党	壶　关	黎　亭	故黎国
河　东	大　阳	虞　城	杜预曰虞国也
弘　农	陕	焦　城	故焦国
北海国	平　寿	斟　城	杜预曰古斟国

集中显示古国名称的史料还有《水经注》。《水经注》始终关注各地的县、乡、亭等地名与古代邑、国的关系，今拾取其重要材料可列表如下。不过，由于县的事例太多，这里省略，只

取乡、亭之名。此外，记载某城乃故某邑国的事例也非常多。

乡、亭名	故邑、国名	《水经注》卷帙、水名
涂水乡	晋大夫智徐吾之邑	卷六　洞过水
微　乡	鲁邑	卷八　济水
苗　亭	故周之苗邑	卷四　河水
戚　亭	卫之河上邑	卷五　河水
冀　亭	古之冀国	卷六　汾水
虢　亭	故虢公之国	卷七　济水
胙　亭	故胙国	卷八　济水
周首亭	鲁周首邑	卷八　济水
诗　亭	春秋之诗国	卷八　济水
戏　亭	戏邑	卷一九　渭水
宛　亭	郑大夫宛射犬之故邑	卷二二　溟水
沙阳亭	故沙随国	卷二三　阴沟水
显闾亭	郱邑	卷二五　郱水
介　亭	故介国	卷二六　胶水
江　亭	江国	卷三〇　淮水
邵乡城	昭伯之故邑	卷二四　汶水
部阳城	故有莘邑	卷四　河水
滑台城	故郑廪延邑	卷五　河水
郇　城	郇伯之故国	卷六　汾水
瑕　城	晋大夫詹嘉之故邑	卷六　汾水
向　城	周向国	卷七　济水
燕　城	南燕姞姓之国	卷八　济水
蒲　城	故卫之蒲邑	卷八　济水
祭　城	郑大夫祭仲之邑	卷八　济水
须朐城	故须朐国	卷八　济水
邘　城	故邘国	卷九　沁水
朝歌城	本沬邑	卷九　淇水
孤竹城	故孤竹国	卷一四　濡水

（续表）

乡、亭名	故邑、国名	《水经注》卷帙、水名
杜　城	杜伯国	卷一九　渭水
峦部城	故蕃国	卷一九　渭水
陈　城	故陈国也	卷二二　沙水
濮阳城	故卫也	卷二四　瓠子河
羊角城	卫邑也	卷二四　瓠子河
高鱼城	鲁邑也	卷二四　瓠子河
谷　城	春秋谷伯绥之邑	卷二八　沔水
纪南城	楚之郢都	卷二八　沔水
白　城	楚白公胜之邑	卷三〇　淮水
宛　城	故申伯之都	卷三一　淯水
鄾　城	古鄾子国也	卷三一　淯水
棠谿城	故房子国	卷三一　灈水
郢　城	楚别邑	卷三四　江水

“城”这个名称，到了汉代大约具有两方面的意义。《续汉书·郡国志》说到郡国有多少城时，指的是县城。但在县条下说到某城地名时，则是指比乡小、与聚或亭规模相当的聚落。因此，我们从以上《续汉书》和《水经注》的记载中，可以想象得出，上古时代的邑国，到了汉代而作为县、乡、亭等聚落存续下来的很多，而且这些聚落为上古时期的邑国自不必说，即使到汉代变成了一般的聚落名称之后，也可以想象其周围仍然保留着城郭。不，不仅延续上代邑国的聚落是这样，就是一般的汉代县、乡、聚、亭，其周围似乎也应有城郭围绕。这个问题对于当时聚落的区划以及行政组织等具有重要意义，这一点准备在下面加以叙述。

二　乡、亭与城郭

我曾经在《史林》第二十一卷第二号上发表过一篇《读史札记》，其中第三部分谈到了“汉代的乡制”。这篇小短文是我在法国留学时将平时的一些想法整理而成，由于仓促成篇，故难免给人以不充分的感觉。那以后，关于这个问题，又有许多研究成果问世，仅我手头就有《东亚人文学报》第一卷第四号上小畑龙雄的《关于汉代的村落组织》、《东洋文化研究所纪要》第三号上松本善海的《秦汉时期亭的变迁》、《史学杂志》第五十八编第六号上曾我部静雄博士的《关于都市里坊制的形成过程》、《东洋史研究》第十四卷第一号上日比野丈夫的《关于乡亭里之研究》，以及最近出版的《鹿大史学》第四号上增村宏的《晋南朝的符伍制》等，汉代的聚落形态由此已经很明朗，至少可以确认，问题的所在点更为集中了。

我之所以在这里就同样的问题再次执笔作文，是因为我认为在上述各家的研究中，忽视了我前面曾经提出来的一个研究方向，这就是他们似乎忽视了这样一个事实，即汉代的乡与县其实是同质的，不同的只是乡的形制规模比县小而已，乡的周围也有城郭环绕。而且我相信，只有通过对这一事实深入探究，所谓汉代乡制的问题才能更进一步明晰起来。

我在以前的论文中只引用了《汉书》卷八九《朱邑传》的材料，阐述了朱邑的故乡舒县桐乡存在着城郭。实际上同样的例子还有很多，并由此可以得出这样一个结论，即汉代的乡、聚一般都有城郭。不，不仅只是乡、聚，就是对于亭，也可以这么说。我认为，汉代的乡、聚、亭中，很多是上古时期都市国家没落后的遗迹，它们的周围都围绕着城郭。为了方便起见，下面拟利用《后汉书》和《水经注》的材料来证明自己的观点。

先讲乡。《续汉书·郡国志》里经常可以看到某某乡城的记载，如鲁国的部乡城、泰山郡的龙乡城、济北郡的铸乡城、山阳郡的茅乡城、南阳郡的丰乡城等。这些原本都是乡，后来变乡为城，所以就改名为某乡城。既然称之为城，不用说是有城郭的。反过来，济阴郡的鹿城乡，则是拥有城郭的聚落升格为乡之后的名称。

同样，从《续汉书·郡国志》的注文中可以发现，河内郡的原乡叫原城，河东郡的耿乡叫耿城，山阳郡的梁丘城叫梁丘乡。还有，《后汉书》卷一《光武帝纪》中载有南阳郡春陵乡、南郡津乡，并在注文中明记其故城位置，这些都是乡有城郭的例子。

其次，有明文记载，比乡更小的聚也屡屡拥有城郭。《后汉书》卷一《光武帝纪》记载了刘秀与敌军作战的战场，其中有戏阳聚、东阳聚，注文中指明了其故城的位置。关于垂惠聚，注云一名礼城；桃城之名，注中则称其为桃聚。同书卷九《献帝纪》也出现过阳人聚之名，并在注中记其故城所在。《续汉书·郡国志》中，泰山郡菟裘聚，注称菟裘城；此外，还记载了南阳郡有和城聚的地名。

比聚更小的亭，亦屡屡有关于城的记述。《续汉书·郡国志》记有河东郡高梁亭，注中称其为梁城；巨鹿郡昔阳亭，注中称其为昔阳城；东平国阚亭，注称阚城；北海国渠丘亭，注称渠丘城。也有相反的事例，如北海国的斟城，注中称其为斟亭。

以上搜集了《后汉书》中有关乡、聚、亭有城郭的事例。《水经注》中的相关资料也非常丰富，以下我们且将有关乡、聚的事例省略，只列举最小的聚落——亭有城郭的例子。

仿照前文，列举某亭城或某城亭的材料如下：卷二“河水”条有街亭城；卷三“河水”条有原亭城；卷五“河水”条有艾亭城、界城亭；卷八“济水”条有博亭城；卷九“淇水”条有高城亭、界城亭、历城亭；“洹水”条有女亭城；卷二一“汝水”条有夏亭城；卷二二“颍水”条有青陵亭城、皋城亭；卷二四“睢水”条有新城亭；卷二六“汶水”条有郚城亭；“潍水”条有平城亭；卷二八“沔水”条有方城亭，等等。

此外，正文和注将亭、城互称或将某亭单称作此城，一看即知有城郭的例子也不在少数，今作表如下。为方便起见，将亭名置其上，城的记事列于下，《水经注》正文有时也有相反的例子。

亭　名	城　名	《水经注》卷帙、水名
关　亭	城	卷四　　河水
壶邱亭	阳壶城	卷四　　河水
平阳亭	廪延南故城	卷五　　河水
神马亭	邱斩城	卷五　　河水

（续表）

亭　名	城　名	《水经注》卷帙、水名
戚　亭	戚　城	卷五　河水
棘津亭	棘津城	卷五　河水
冈成亭	冈成城	卷五　河水
清阳亭	清原城	卷六　汾水
蒲坂北亭	城	卷六　汾水
石门亭	新筑城	卷七　济水
宛濮亭	漆　城	卷八　济水
坛陵亭	大陵城	卷八　济水
周首亭	卢子城	卷八　济水
楚邱亭	楚邱城	卷八　济水
凡　亭	凡　城	卷九　清水
故三会亭	合　城	卷九　清水
沁水亭	小沁城	卷九　沁水
胡苏亭	羌　城	卷九　淇水
北皮亭	北皮城	卷九　淇水
上虒亭	断梁城	卷一〇　浊漳水
靖阳亭	故关城	卷一〇　浊漳水
昔阳亭	城	卷一〇　浊漳水
参户亭	平虏城	卷一〇　浊漳水
兴豆亭	敧　城	卷一一　滱水
故乡亭	常道城	卷一二　圣水
一故亭	石人城	卷一三　㶟水
黄龙亭	黄龙城	卷一四　大辽水
前　亭	前　城	卷一五　伊水
千秋亭	千秋城	卷一六　榖水
平阳亭	古　城	卷一七　渭水
栎　亭	城	卷二一　汝水
负黍亭	黄　城	卷二二　颍水
辰　亭	田　城	卷二二　洧水
狐人亭	胡　城	卷二二　溠水

（续表）

亭　名	城　名	《水经注》卷帙、水名
东西武亭	东西城	卷二二　湨水
巨陵亭	巨陵城	卷二二　湨水
清阳亭	故清人城	卷二二　潧水
北林亭	棐　城	卷二二　潧水
隙侯亭	郤　城	卷二二　潧水
大梁亭	赤　城	卷二二　潧水
鸿沟亭	鸿沟城	卷二二　潧水
牛首亭	车牛城	卷二二　潧水
少曲亭	小　城	卷二二　潧水
匡　亭	匡　城	卷二二　潧水
平周亭	小扶城	卷二二　潧水
鹿邑亭	城	卷二三　阴沟水
仓垣亭	仓垣城	卷二三　阴沟水
大齐亭	大齐城	卷二三　阴沟水
科禀亭	科　城	卷二三　阴沟水
沙阳亭	堂　城	卷二三　阴沟水
斜　亭	斜　城	卷二三　阴沟水
高阳故亭	陈留北城	卷二四　睢水
横　亭	光　城	卷二四　睢水
羊里亭	羊子城	卷二四　瓠子河
阳关亭	阳关故城	卷二四　汶水
桑犊亭	故郡城	卷二六　巨洋水
酅　亭	故　城	卷二六　淄水
骑　亭	骑　城	卷二八　沔水
阳　亭	缘　城	卷三〇　淮水
费　亭	城	卷三〇　淮水

那么，这些事例又意味着什么呢？也就是说，在亭拥有城郭的问题上，上面的事例是特例呢，还是不用说每个亭都当然建有

城郭？前面我利用《续汉书·郡国志》时，只引用了萧梁时期刘昭的补注，如果我们把阅读范围扩大到王先谦的《后汉书集解》，那么，当时的乡、聚、亭拥有城郭的事例，就远远不止上面这一些了。《集解》还引用了《清一统志》，在正文所及各个乡、聚、亭的后面，都注明了其故城的位置。其所示是否得当姑且不论，但他的做法让人感受到无论乡、聚还是亭，拥有城郭乃是当然的条件，研究历史地理者当然有搜寻其故城的义务。《集解》的这种态度或许是应该肯定的。当然，这只是就大体而言，没有城郭的小聚落应该还是存在的。

前面提到了《后汉书》本纪中几处作为战场的乡、聚，这些乡、聚的意思，并不是指后世那种拥有广阔的地域，或者具有相当面积的基层组织，而是指曾经作为战场的那些某某乡、某某聚的城郭。从这个意义上来说，乡、聚、亭三者之间，只有大小的不同，而无本质上的区别。

从以上论述中我们可以得出这样的结论：上古时期所称的万国也好，一千八百国也好，这无数的邑，到了汉代，依据其规模的大小或地理位置的重要与否，上者名为县，中者名为乡、聚，下者名为亭，与其他新兴的聚落一起，被分成了三个不同的等级。因此，所谓县，其本身就是一个大的乡（都乡），同时又统辖着附近的小乡；同样，乡本身就是一个大的亭（都亭），同时又统辖着附近的小亭。聚统辖亭的事例，可见于《续汉书·郡国志》中汉阳郡陇县獂坻聚的秦亭。从本质上来说，县、乡、亭三者几乎是没有什么不同之处的聚落，其周围均筑有城郭。在汉代的分封制上，有县侯、乡侯、亭侯这一系列的封爵；而且还可以频繁地看到亭升格为乡，乡升格为县，或者反过来，县降格为乡，乡降格为亭，这些现象都有助于我们认识县、乡、亭的本质。

只要稍事观察一下《续汉书・郡国志》中的县名，就会发现有很多“某乡县”的名称，意思是这里原本是乡，后来升格为县。我们还可以观察一下《水经注》的记载，可以发现汉代的县被降为乡、亭的例子也很多，尤其是王莽时代，将西汉时期的县一下子降为亭的事例多有所见。反过来，将亭直接升为县的事例也不少。如《续汉书・郡国志》“汉阳郡”条注引《献帝起居注》云：

> 初平四年十二月，分汉阳上郡（或是“邽”之误）为永阳，以乡亭为属县。

意思是初平四年十二月，分汉阳郡的上邽县设永阳郡，以原上邽县的乡、亭为永阳郡的属县。也就是说，在设立新郡时，首先以县为郡治，其次将大的乡、亭升为县。更有甚者，将亭三级跳直接设为郡治。《水经注》卷二《河水》“湟水”条记西平郡城之事，云：

> 东城即故亭也。……魏黄初中，立西平郡，凭倚故亭，增筑南西北城，以为郡治。

西平郡城的东城原来只是一个亭，曹魏黄初年间设西平郡时，以西平亭为西平郡治，利用了原有的西平亭城，并在其南、西、北三面进行加筑，使之成为新设的西平郡城。相反，同书卷二六“巨洋水”条所载的桑犊亭，则是原来的高密郡治。

三 “里”是什么

这里想究明的是“里”的性质问题。《历史研究》1954 年第 2 期上刊载了王毓铨的《汉代亭与乡里不同性质不同行政系统说》一文，论文给出了非常独特的见解。根据他的观点，里隶属于乡，亭则与之不在一个系统。但此说存在着不少难解之处。《汉书》卷一九《百官公卿表》和《续汉书·百官志》注引的《汉官仪》、《风俗通》，以及《宋书》卷四〇《百官志下》等基本史料中均有“十里一亭”的记载，这是里隶属于亭的明证，我们无法对之视而不见。时代稍后的材料中，《水经注》卷一二“巨马水”条有“涿县郦亭楼桑里（即刘备之旧里也）”，这是亭统属里的又一证据。日比野丈夫引用的汉简名籍中有“河东襄陵阳门亭长邮里郭彊”，正如其句读的那样，当读作“阳门亭所辖长邮里的郭彊”。

日比野丈夫论文的观点与王氏有着许多共鸣，但同时又指出，里有城中之里与城外之里的区别，这不得不说是一个高见。至于说哪一个更重要一些，我认为只能是城中之里。我认为像亭这样的小聚落，其周围也都筑有城郭，之所以这样认为，是中国上古时期人民居住在城郭之内是基本原则，是他们生活的习性。《管子·大匡第十八》云：

凡仕者近宫，不仕者与耕者近门，工贾近市。

据此可知，城郭中居住着士农工商各色人等，士的居住地靠近宫殿，手工业者及商贾的居住地靠近市场，农夫因耕地在城外，所以居住地近城门。因此，城郭之内又分为宫殿区（后世则为官衙区）、市场和居民区三个部分。而这里所说的居民区不外乎就是里。这种状态一直延续到后世，《水经注》卷一七“渭水”条曰：

元始二年，平帝罢安定滹沱苑，以为安民县，起官寺、市、里。

官寺、市、里三者，乃城中所必需，故举之。其中，占面积最大者当然是作为居民区的里。《水经注》卷二二“潧水”条云：

（大梁城）梁伯好土功，大其城，号曰新里。

意思是增广城郭，将新扩张的城内部分称作“新里”。

由于市和里是城内不可缺少的组成部分，所以，往往是市、里连用。《水经注》卷三六“温水”条记林邑城云“郭无市里”即是例证之一。这种实体一直延续到唐代，但唐代的县城及以上的城中之里被称作“坊”，正如《后汉书》卷八四《杨震传》唐章怀太子注所说明那样“里即坊也”，说明汉代的里相当于唐代的坊。

既然连地方末端的小聚落亭都有城郭，其中又有供民众居住的里，因此，农民基本上都居住在城郭内的里中，因而城外的居住者极为稀少。也正因为如此，才会出现称地价最高的耕地为“负郭之田”（《史记·苏秦传》）、“带郭之田”（《史记·货殖传》）这样的词汇。如果农民是散居于城外的话，那么靠近城郭的田地，按理就不会具有特别的价值。[1]而且，到了傍晚城门就要关闭，因此，旅行者如果未能赶在闭门前入城，那么他在途中寻求人家借宿都是困难的。《战国策》“赵惠文王”条云：

苏子曰：今日臣之来也，暮后郭门，藉席无所，得寄宿人田中。

意思是来时郭门已经关闭，只得到田野中人们堆放杂物的小屋中委屈了一宿。同时也从一个侧面反映出若违规翻越城郭将被处以重罚。

乡、亭城中的里，其规模大小及相互关系又是如何呢？我们首先来看里的情况。经、史、子书中的一般解释是百家为里。尤其是经书中，一里或作二十五家，或作五十家，或作七十二家，没有一个定数。不过《礼记·杂记下》“里尹”郑注云：

王度记曰：百户为里。

《管子·度地篇》云：

百家为里。

史书中,《汉书·百官公卿表》、《续汉书·百官志》、《宋书·百官志》等均取“百家一里”之说。

“百户为里”、“百家一里”当然只是一个原则。其实,从其他一些事例中,我们同样可以看出相似的情况。《水经注》卷二五“泗水”条记述孔子冢云：

居者百有余家,命曰孔里。

同书卷四〇“渐江水”条讲到查浦：

浦里有六里,有五百家。

从以上事例来看,一里百家的原则大体上是通用的。只是记载中关于里的面积的史料几乎不见,仅在《水经注》卷二五“泗水”条关于孔子阙里的记述中涉及了一点：

南北百二十步，东西六十步，四门各有石阃。

按一步相当于今五尺[①]计算，则其总面积有五千坪。[②] 其按百家平均分配，则一家当有五十坪。应该说这是一个适当的占地面积。

其次，来看看亭的情况。《汉书·百官公卿表》、《续汉书·百官志》注、《宋书·百官志》均称“十里一亭”。如果按一里百家来计算，那么，一亭当然就该是一千家了。这个数字与实际户数是否相符呢？

关于汉代一亭的户数，虽然没有确切的史料记载，但是，可供推测其大致数目的资料还是存在的。首先，最为重要且足资观察的是《续汉书》卷三三《郡国志》。《续汉书·郡国志》所载天下户数为九百六十九万八千六百三十，同处注称天下亭数为一万二千四百四十三，以户数除亭数，则知一亭约有七百八十户。当然，对此我们还必须考虑到其他各种因素，但简便起见，现将一切因素忽略不计。其次，我们可以统计出东汉分封制中亭侯的封户数。为方便起见，现仅据钱大昭的《后汉书补表》进行统计，统计结果如下（参见“东汉亭侯封户数”表）：

---

① 这里的尺是指日本的旧尺，1 尺长 30.3 厘米。

② 坪，日本旧面积单位，1 坪相当于 3.306 平方米。

这个统计也必须同时考虑到各种条件和因素，如果现在将各种因素摒弃除外，完全采取机械的统计方法，则可得出：一亭的户数一般是 200 至 500 户，尤其以 300—500 户的例子最多。如果按一里百户计算，那么，一亭只拥有三至五个里。

以上是对亭的户数的考察，那么亭的面积又如何呢？有关这个问题，我们能够利用的资料也相当少。《水经注》卷二八“沔水”条云：

骑城，周回二里余，高一丈六尺，即骑亭也。

为简便起见，我们且将此城假定为正方形，每边长度按半里即五十步计算，一步相当于我国的五尺，那么其总面积则为一万五千六百余坪。把这个数字与前面提到的孔子阙里一里五千坪相比较，则可得出骑亭有三里多、三百余户的结论。

东汉亭侯封户数

封户	事例
1 500	1
1 250	1
1 000	2
700	1
500	5
300	5
200	4

另外，《续汉书·郡国志》载陈留郡长垣侯国下有匡城，刘昭注引《北征记》云：“城周三里。”据《水经注》，匡城即匡亭。这个亭城比上面提到的骑亭稍大些，如以正方形计算，则其边长为二百二十五步，面积约为三万五千坪，相当于一里五千坪的七倍。按前面同样的方法计算，匡亭拥有七里多、七百余户。

除此之外,《水经注》卷七"济水"条载:

水北有石门亭,戴延之所云新筑城,城周三百步。

如果这个三百步是指四周城墙全长的话,那么,石门亭城就只相当于骑亭城的三分之一,城中连阙里这样的一个里也放不下。[2]这里,所谓"城周三百步",到底是指新筑部分有三百步呢?还是全城周长三百步?抑或戴延之所处的东晋末年就流行筑这种小城呢?皆不得而知。

下面我们再来考察一下里、亭、乡三者的关系。之所以要探讨这一问题,是因为对于三者的关系,自古以来就存在着相互矛盾的记述,即:

(1)十里一亭(《汉书·百官公卿表》、《续汉书·百官志》注、《宋书·百官志》)

(2)十里一乡(《续汉书·百官志》注引《风俗通》)

(3)十亭一乡(《汉书·百官公卿表》、《宋书·百官志》)

显然,上述三种说法,作为命题是不可能同时成立的,但其不可能的程度又有所不同。如果站在后世行政组织的观念上来解读,毫无疑问是根本不可能的。但如果站在古代的观念来解读,只要不拘泥于"十"这个数字,就可能在某种程度上对之进行较好的理解。

先来看"十里一亭"和"十里一乡"。亭和乡都是拥有城郭的聚落，城内区划为若干里。乡、亭在本质上没有什么差异，两者都包含着数个里。乡与亭并非上下关系，只是左右关系。如果把乡比作巡洋舰，那么亭就是驱逐舰，若干小巡洋舰与大驱逐舰的吨位是相同的。只要我们不拘泥于“十里”这个数字，不将其作为绝对的原则，那么，(1)和(2)在某种程度上是可以两立的。

我根据钱大昭的《后汉书补表》统计了乡侯的封户数，结果是：6 000户、5 000户、2 600户、1 500户、1 100户各一例，1 000户三例，700户两例，600户一例，500户三例，350户一例，300户七例。这里当然也必须将各种因素考虑进去，但如果将这些因素一概忽略不计，单用这个数字与前面亭侯的封户数进行比较，那么，乡侯、亭侯的封户以300户者为最多。只是乡侯的封户最高可达6 000户，最低者为300户，而亭侯最高的只有1 500户，最低者为200户，在总体上有些差异，除此之外别无不同。

其次，“十亭一乡”的含义与里的情况多少有些差异。如前所述，乡和亭并非亲子关系，而只是兄弟关系。所谓“十亭一乡”，意思是如有十个亭，则以其中最大的一个为乡（又称“都亭”），而其他九个亭则附属之。恰如十艘军舰集结起来，其中一艘为旗舰，其他九艘则从属之，道理是一样的。据《汉书·百官公卿表》、《续汉书·郡国志》，作县、乡、亭数目表如下：

县、乡、亭	西　汉	东　汉
县(道、国、邑)	1 587	1 180
乡	6 622	3 680
亭	29 635	12 443

据此可以推定，西汉大约每四半亭为一乡，每四个乡为一县。东汉则每三个亭为一乡，每三个乡为一县。

乡与亭各自作为聚落，两者之间没有什么太大的差异，这一点还可以通过其他方面的材料进行说明。在前面统计东汉封建诸侯封户时，发现亭有都亭和离亭两种类型，而统计时却未加区分，因为对最终的统计结果没有什么影响。不过，正确的做法还是应该是将两者区别对待。所谓"都亭"，是指设在乡城中的亭，因为一个乡有几个亭，都亭则可以说是乡的本部。如果将前面的亭侯封户数分解为都亭和离亭加以比较，其结果如下表：

封户数	都　亭	离　亭	封户数	都　亭	离　亭
1 500	1		500	1	4
1 250		1	300	1	4
1 000		2	200	1	3
700		1			

从表中来看，都亭(乡)与离亭之间并没有什么太大不同。但是，在这种情况下，还必须考虑到其他许多因素，仅仅凭这个数字

是不能下断言的，只能在某种程度上起到一个推测的作用。

根据以上分析研究，我们可以勾画出上古至汉代聚落的存在形态。这段时期的聚落恰似一个个细胞，在一定面积的耕地中央，存在着细胞核似的城郭。城郭之内，被区分为数个区域，这就是里。不仅是工商业者，就连农民也居住在城内的里中。在汉代，根据城郭的大小、重要程度、里民人口的多寡等，分别定级为县、乡、亭。亭隶属于乡，乡隶属于县，但其本来性质是完全相同的。

我曾经研究过汉代的官制，觉得汉代的官僚组织是很不成熟的，就像一种大小长官的集结体。所谓政府，也不是后世那种由上至下阶层重叠式的系统，而恰似大小军舰集结时的那种平面关系。与官制完全相同，汉代的地方组织也可以说是大小细胞的集结，只不过是大的统率小的而已。这样的形态可图示如下：

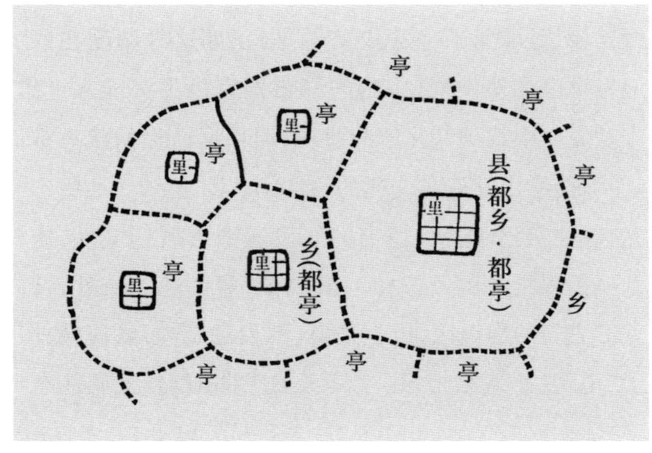

以上的研究结果，正如日比野丈夫所指出的那样，在汉代的官文书中人民从里、土地从亭的理由就更加清晰了。也就是说，管辖城外耕地的是亭。县乃是一个大细胞，其下有都乡，都乡之下还有都亭，城外的耕地直接归都亭管辖。与此相反，人民的居住地无论是在县还是乡、亭，皆由其所居住的里来管理。这种制度又是与按人征赋、按地收租的赋税制度密切相关的。

四　乡制的崩坏与村的产生

农民也都居住在城郭之内这一中国上古的社会状况，与本文开头所引坂口博士描述的意大利海岸至今尚存的古代都市国家遗制进行比较，是非常有意思的。但是，正如这种制度在意大利的许多地方早已崩溃一样，中国的都市国家也不可能永远维持。我们很难从史料中找到其瓦解的过程，但根据后世的状态推而溯之，还是能够描绘出其逐步变化的轮廓的。

首先，这种变化应始于城内的居民逐渐移居到城外，这种现象在后世也是很常见的。按照一般规律，居民迁到城外，首先会在城门外形成新的居民区，也就是说，不只是城内，就连城外也开始出现了“里”这个基层组织。《续汉书·郡国志》刘昭注东郡濮阳县颛顼冢曰：

在城门外广阳里中。

这个广阳里，也许是在被称作广阳门的城门外形成的一个新的里。既然在城郭之外已经出现了里，那么就不难想象，人们也会在更远的地方定居下来，形成新的里。像《水经注》卷一九“渭水”条所见的孝里亭，同书卷二四“瓠子河”条所见的羊里亭，都是由这种里发展成为亭的事例。

促使这种瓦解趋势快速发展的，是汉代日益膨胀的豪族势力。一方面，耕作便利的负郭之田、带郭之田，可能大多被豪族占有，贫民想要拥有自己的耕地，就必须到更远的地方去开垦；另一方面，豪族也在远离城郭的地方开拓庄园，招募劳力，于是原先居住在城内的农民渐渐离开城郭，如此，便出现了一种新的聚落形态——村（邨）。

同时，内乱也是促使乡亭城郭生活趋于崩溃的一个重要原因。早在《汉书·王莽传》中就已经出现了当时因为内乱人民离开“乡里”的记载。尤其是东汉末年至三国西晋时期的社会动乱，给中国的古代社会带来了极为深刻的影响。在这一时期的动乱中，出现了两种新的倾向，一是临时性的坞非常流行，二是永久性的村开始出现。

关于坞，《东亚人文学报》第二卷第四号上曾发表过那波利贞博士的《坞主考》，这是一篇优秀的论文。据他的研究，东汉末年董卓所筑的万岁坞可视作当时坞的代表：

> 筑坞于郿，高厚七丈，号曰万岁坞，积谷为三十年储（注，今案坞旧基，高一丈，周回一里一百步）。

这里值得注意的是，坞的占地面积虽然比较狭小，但环绕在其周围的城墙则既高且厚，非常坚固，注重防御功能。当然，以前乡亭的城郭同样也具有军事意义，然而，随着战术和武器的进步，在社会大动荡的时代，乡亭的城郭已经不足为恃，成为无用之物。这样的意见，早在西汉末年王莽时期的内乱中已被认同。

据《汉书》卷九九《王莽传》记载，乘王莽失政而蜂起的叛乱，一开始还仅仅是因饥寒所迫，并不敢去攻掠城邑（这里的城邑当指郡城、县城），为了求得温饱，他们掠夺的对象主要是田野。因此，田况在上书中提议：

> 收合离乡小国无城郭者，徙其老弱，置大城中。积藏谷食，并力固守。

所谓“大城”，指的应该是县或大乡的坚固的城郭。然而，随着叛军势力的逐渐强盛，新市平林兵开始攻击乡聚，并进而发展到“攻城邑，杀二千石以下”。王莽时期的内战规模还不算太大，至东汉末年，董卓率胡骑卷入中国内乱的漩涡之后，战争日趋酷烈。持续不断的战争，人民在背弃乡亭故里四处流浪的同时，又产生了修筑新的坚固要塞以图自卫的需求，这种新型的要塞就是

坞。所以,坞常常是利用自然险要而修建起来的。《水经注》卷一五“洛水”条下所记的一合坞即其一例:

> 城在川北原上,高二十丈,南北东三箱,天险峭绝,惟筑西面即为固,一合之名,起于是矣。

但是,这种自然天险的土地与耕作的便利很难一致起来,因此,推测大部分农民不可能为求身家性命而集中居住到山上的坞中,他们更多地考虑耕作上的便利,在毫无防备的状态下,三三两两散居在耕地的附近,这就是所谓的村。村字原本写作邨,其左边的屯字,正如人们熟知的驻屯那样,是临时居住或暂时留足的意思。既然乡亭的城郭已不足恃,那么,集中居住在乡亭之中反倒容易成为动乱时的掠夺对象,因此倒不如尽可能地散居,当战乱来临之时将财物隐藏起来,自身逃散,这样应该更加安全。同时,在力量不甚悬殊的情况下亦可拿起武器进行防卫,袭击少数来敌。因社会动乱而锻炼出来的汉人,以及由北方移来学习农耕的胡人,他们既是农民,又是武士。尤其是南下的北方民族,与城郭生活相比,他们肯定更喜欢村居生活。

村居生活的有利因素,还必须考虑到因北方民族的南下而出现的畜牧业生产。农民也养马骑乘,农业上则牛耕普及。广阔的平原有利于放牧牛马,而城郭生活则远不如乡野的便利。

如此一来,在整个中国,过去的那种小型城郭渐渐为人们所抛弃，最终成为后世方志中记载的“故城”，代之而起的则是出现在各地的更小的散村。这种村落的保护者往往是豪族，而且同姓同族聚居且相互扶助的现象也越来越普遍。到了唐代，村作为行政单位得到了官方的认可，村里开始设置村正。关于村制的产生及其发展，宫川尚志在其《六朝史研究·政治社会篇》的第七章《关于六朝时期的村》一节中有详细的论述。

在乡亭制盛行时期，人们并不单单是密集居住在城郭之内，毫无疑问，他们还以里为单位，结成相互扶助的团体组织。关于同一个里的居民以社为中心举行共同祭祀等情况，可以参见小畑龙雄的论文。而居民的精神领袖则是里老、乡三老、县三老。

随着乡制的破坏和村制的普遍化，人们在精神以及社会生活上必定会寻求新的支柱，以求相互扶助，而佛教和道教等新宗教，就是在这样的由乡制向村制过渡的社会大变动期间，抓住了俘获人心的机会。

五　都市国家论的意义

上文我们论述了中国古代社会极端的集中聚落形态，作为当然的结论，我积极主张“中国古代都市国家论”。如果仅将中国历史上和欧洲历史上获得充分发展的国家拿来进行比较，列举它们的相似点，这样的研究其实并没有什么太大意义，因为如果找不出它们最基本的共同点，那么它对我的世界史体系就几乎没有什么作用。

曾有学者建议，既然把欧洲的 Polis 译成“都市国家”，那么，就应该用另外一个词语来称呼远离欧洲的中国古代的城郭集团。但站在我的立场上，这样做是没有意义的。不管怎么说，用不同的词语来称呼西方和东方是别扭的，这绝不是我坚持己见而顽固不化。

在我看来，以西亚的美索不达米亚一带为中心，西至地中海沿岸，向东通过丝绸之路至中国，曾广泛分布着古代都市国家。其中希腊的都市国家得到了快速的发展，但没有任何理由将它们与其他都市国家进行切离，单称它们为都市国家，而其他国家则不称为都市国家。其实，即使不特意设置差异，希腊的都市国家，中国的都市国家，冠以不同的地域名称，自然就出现了差异。即使都是希腊的都市国家，但恐怕也找不出一例完全相同的。最明显的，也是经常提到的，就是与其他都市国家相比，斯巴达甚至连作为都市国家特征的城郭都没有。雅典与斯巴达的差异，或许比斯巴达与坎达哥的差异还要大。如果非要在相似的聚落形态之间划出一条明确的界线来区分都市国家和非都市国家，那我倒要反问一句，这条界线又是根据什么划出来的？我把都市国家看作是世界古代史的共同现象，希腊的都市国家也好，中国的都市国家也好，都应该把它们看成是世界古代史中的一环。这种态度，与将欧洲的罗马帝国和中国的秦汉帝国同称为古代帝国，将德累考斯和五铢钱同称作货币一样,没有任何的不妥。都市国家正是古代帝国的前奏,也可以反过来说,所谓"中国古代史",就是由都市国家向古代帝国发展的历史进程。从上古时期无数个具有都市国家性质的小聚落开始,到中心国家的成长发展,形成国家联合体,进而出现霸者,形成领土国家,最后走向古代帝国。

不难想象,中国古代的都市国家,在其初期,是一个个独立性和自治性极强的组织。至于这种自治性到底是个什么模样,我们可以通过对汉代制度的逆推得到一定程度的了解。《续汉书·百官志》"司空"条注引应劭《汉官仪》曰:

> 绥和元年,罢御史大夫官,法周制,初置司空。议者又以为,县道官(有?)狱司空,故覆加大,为大司空。

县的狱吏中有司空一职,这也许就是古代都市国家的自治职能之一。不用说,司空是《周礼》所载六卿之一,不过《周礼》一书不太可信,比其可信度稍高一些的,是《荀子·王制第九》中《序官》一章,其中列有许多职官名称:宰爵、司徒、司马、大师、司空、治田、虞师、乡师、工师、伛巫跛击、治市、司寇、冢宰、辟公、天王。这些名称没怎么修饰,尤其是将伛巫等与所谓六卿之官不分顺序地排列在一起,反倒觉得可信。这当中的某些官职,随着春秋时期大型都市国家和战国时期领土国家官僚制的发展,逐渐成为后世难明原委的高官荣位。

注释：

1. 西汉匡衡受封于安乐乡，其多占田地四百顷之事成为一个问题，但其封户数却丝毫没有问题，因为四百顷田地里是不住人的。这点请参照前引日比野丈夫的《乡亭里研究之五》一文。
2. 从这个事实中当然可以想象也有一里一亭的情况。后文出现的孝里亭、羊里亭想来即属此类。这时称里名，或许是省去了当中的亭名。

中国古代存在过都市国家，这种想法，在一部分（或许可说是一大部分）历史学家的脑中，依然是个畏惧之念并敬而远之。但在我看来，如果上古时期不存在都市国家，那么就不能很好地理解汉帝国的构造，而且也很难理解汉、唐的区别。人们经常讲这样一句话，即研究古代历史应以现代社会为立足点。但必须注意的是，这句话的意思并不是说古代是稀释了的现代，恰似儿童并非成年人的简单缩小一样。古代自然不具有现代的东西，但同时古代又蕴含着现代所没有的东西。究明其中的变化，正是历史学家的任务。

以上再三陈述的观点，其实与我二十年前在《汉代的乡制》中得出的结论并没有什么根本性的差异，只是以后拜读了各家的论述，觉得自己对亭、里有了明确的概念，整体上更具说服力了。为此，向给予我启发的各位致以深切的谢意。

原载《大谷史学》第六号，1957年6月

中国上古的都市国家及其墓地

——「商邑」何在

一　小屯不是"殷墟"

被周武王摧毁的殷都——商邑是典型的都市国家。《诗经·商颂·殷武》歌颂的是高宗武丁（将都城迁至殷的盘庚之侄），其中有这样两句：

商邑翼翼，四方之极。

商邑的气势仿佛就展现在你的眼前。那么，商邑究竟在什么地方呢？今天提出这个问题似乎显得有些不可思议，难道不是眼下正在进行考古发掘的殷墟吗？其实，虽然现在已经普遍把中国河南省安阳县小屯附近称作殷墟，但我对它的真实性存有疑问。殷墟成为人尽皆知的地名距今并不久远，直到上世纪末，河南省的任何地名中都没有殷墟这一地名。当地人不曾耳闻，地图上也没有标注。直到清朝末年在当地出土了刻有卜辞的甲骨片，人们才将“殷墟”这个被忘却了两千年之久的地名从古代典籍中找了出来，并将之比定在今天安阳县下的小屯村附近。

古人占卜所用的龟甲兽骨片，起初被当作医治热病的民间偏方贩卖，而最早将它评价为考古学遗物，并出版了自己收藏品图录《铁云藏龟》(1903 年出版)的，是著名文学家刘鹗。他把甲骨文断定为商代的文字，但对于出土的地点却没有做出正确的认识，只是按当时的民间传说将之定在了河南省的汤阴县。日本最早的甲骨文研究者林泰辅博士也沿袭了这样的误说。

将甲骨的出土地点准确地定在安阳县小屯村附近，并对之展开研究的是大学者罗振玉(1866—1940)。随着对甲骨文字的进一步解读，既然从甲骨文中可以找出殷商帝王的名字，于是罗振玉把甲骨断定为商代的遗物。他还派弟子到河南，他们亲眼看到了刻有卜辞的甲骨片散落在小屯村各处，没有文字的甲骨也到处堆积。把小屯附近命名为“殷墟”的人，正是这位罗振玉。此事正如其最优秀的研究伙伴王国维所说：

> (甲骨)文字审释，自以罗氏为第一。其考定小屯故殷之墟，及审释殷帝王名号，皆自罗氏发之。
>
> ——《静庵文集续编·最近二三十年中中国新发现之学问》

换言之，“殷墟”这个地名，不仅在学术界，即使在民间也从无人知晓。从我个人的情感来说，罗振玉在甲骨文字的释读上做出的贡献毋庸置疑，但把甲骨的出土地点比定为“殷墟”，则不能不说是这位大学者的得意忘形之举。在我看来，小屯不过是殷代甲骨的出土地，顶多也就是个殷代的遗迹而已。

罗振玉把小屯比定为沿用至汉代的地名殷墟，其根据就是《史记·项羽本纪》中的一句话。项羽在巨鹿击败秦将章邯后，与其相约达成和议，“羽乃与期洹水南殷墟上”。罗振玉似乎将“洹水南殷墟上”一句理解成了与洹水之南相接的殷墟旁，因此认定小屯符合这一条件。若果真如此，那就是实实在在的误解了。因为《史记》在其他地方也记载了“殷墟”的位置，也许这是司马迁是有意如此的，只有将两处的记载结合起来，才能准确地把握其位置的所在。这在中国古代典籍中是常用的手法。《史记·卫康叔世家》载：“周公旦以成王命兴师伐殷，杀武庚禄父、管叔，放蔡叔。以武庚殷余民封康叔为卫君，居河淇间故商墟。”这里所说的“故商墟”无疑就是“殷墟”。这里说殷墟位于淇水与黄河之间，与前引《项羽本纪》中的“洹水南”联系起来后才能做出准确的判定，亦即殷墟位于洹水、淇水和黄河这三条河流围起来的地方。说得更具体一点就是洹水之南，淇水之北，黄河之西。如果这样，把过于接近洹水南岸的小屯比定为殷墟就显然不合适了，那里并不在淇水与黄河之间，殷墟一定在更靠东南的地方，位于接近黄河的平原中央。

二　都市国家殷、卫的位置

所谓“殷墟”，究竟是什么意思呢？这个看似不言自明的问题，其实从一开始就存在着一个很大的误解。首先，殷墟的“墟”字也可去掉土旁，后世虽多用前者，但这两个字在日文中的音训都是一样的。虚、墟二字有各种含义，但这里最恰当的解释应该是“亡国之墟”，说的再具体一点就是“亡国都城的废址”。刘向《新序》卷四《杂事第四》中载：“昔者，齐桓公出游于野，见亡国故城郭氏之墟。问于野人曰：‘是为何墟？’野人曰：‘是为郭氏之墟。’桓公曰：‘郭氏者曷为墟？’”由此可见，“殷墟”并非单指殷朝的遗迹，而必须是殷王朝最后的都城，亦即被周武王摧毁的殷都朝歌的废墟。这虽是“墟”字的本意，但千万不能忘记，如果从史实上展开考察，殷墟就必然地会出现第二重含义，那就是进入西周以后，殷墟就此成为卫国都城这一事实。

据史料记载，武王灭纣后，并没有断绝殷王朝的命脉，而是封纣王之子武庚禄父在故地继续统治殷民，武王只是遣其弟管叔和蔡叔到当地实施监察，这就是所谓的“三监”。然而武王死后成王继位，由叔父周公摄政，对此心怀不满的管叔和蔡叔联合禄父一同举兵叛周。于是，周公征讨三监将其平定，杀管叔和禄父，放逐蔡叔。此后为统治殷商余民，又封少弟康叔为卫君，仍以殷墟为都城。这一事件在各种史料记载中都基本一致。《史记·卫康叔世家》的记载前面已经引过,这里我们来看《左传》定公四年的记载:"分康叔以大路少帛,绮茷、旃旌、大吕,殷民七族,命以《康诰》而封于殷墟。"如果将文中的"封殷墟"单纯地理解成"授予旧殷地领土",那就不是历史学的解释了。我们的研究已经表明,当时的社会是都市国家的时代,无论殷、周还是卫,本质上都无外乎是一个都市国家。所以,"封殷墟"的含义非常清楚,就是指在已遭摧毁的都市国家"殷"的遗址上,重新建设一个名为"卫"的都市国家。殷墟因此得以重生,成为卫的都城,在以后的历史上这里就被称作"卫"。既然如此,为什么又重新把它称作殷墟呢? 为解答这个问题,我们必须首先回顾一下卫国的历史。

康叔为第一代卫君,到第十七代卫懿公时,卫国遭受了北方民族狄(翟)的入侵。据说,懿公有一个非常奇特的癖好,就是喜欢仙鹤。他把仙鹤封为大夫,并赐予厚禄,出入都用轩车接送,极尽礼遇,却全然不顾国人生活的困窘。因此当卫国遭受狄人入侵时,懿公本想给国人发放武器,令其前去抵御,谁知国人们却说"请使鹤",拒绝了君主的命令。狄人趁机攻入卫城,杀死了懿公。可以想见,都城在当时也遭受了严重的破坏。卫人东奔,在曹地拥立懿公伯父的儿子戴公。[1]但戴公不到一年就死了,戴公之弟文公前往当时兴起于东方的齐桓公处求援。齐桓公率领诸侯一同助卫伐狄,帮助卫文王定都楚丘,招揽遗民。卫文王兢兢业业，终于成就中兴大业。及其子卫成公时，卫国将都城迁到了濮阳。当时，楚国兴起于南方，并北上与晋国争霸，卫国也屡屡卷入纷争而遭受兵燹，但由于卫国地处交通要冲，因而长期维持着经济上的繁荣。春秋末年孔子数次流寓的卫地，指的就是濮阳。

那么，遭受狄人摧毁的卫国最初的都城后来又怎样了呢？很可惜，我们无从知晓，也许长期以来被作为废墟而遗弃了吧。尽管借助齐桓公的力量复了国，但卫国还是没能彻底驱逐狄人，夺回都城，也没能让卫人回归到自己的故乡。齐桓公以后，晋国称霸，此地又归属了晋国。《汉书·地理志》“河内郡”条载：“河内殷墟，更属于晋，康叔之风既歇，而纣之化犹存。”迁都后的卫国，在晋楚争霸中选择了联楚抗晋的立场，理由也许就是晋国在击退狄人后没有将卫故地归还给卫国的缘故。

请注意前引《汉书·地理志》中的“殷墟”一词。当然，这是《汉书》的说法，成于后人之手，距离那个时代已相当遥远，但可以推想，狄人占领并摧毁了卫都后，卫国君臣先是在曹拥立新郡，后迁都楚丘，最终迁都濮阳，从前叫作卫的地方，再次被人们称为“殷墟”，并一直延续到汉代。要说原因的话，可能是因为狄人入侵时被摧毁的卫都，实在找不出恰当的名称来称呼它。如果叫“卫墟”，可卫国还没有灭亡，不应遭受亡国的待遇。如果叫“卫都”，卫国又屡次迁都，做过都城的地方不止一处，容易产生混淆。于是，返回到分封卫国之前的名称殷墟才是最合适的。这就如同曹、楚丘、濮阳，在作为卫都时都曾被称为“卫”，但随着都城迁往别处，它们就恢复了原有的名称，重新被称为曹、楚丘等。虽然也可以称其为殷，但殷毕竟是一个王朝的名称，所以加上了“墟”字以示区别。因此，殷墟的名称绝不是文学润色的结果，也不是后世广泛使用的雅名，其实是基于历史传承之上自然产生的名称。

总之，殷墟这个地名，并不是单指殷商的故都，它还不可避免地兼有卫国最初都城的含义，历史上无法将两者分开来考虑。而这一都市国家又至少经历了三次破坏。传说盘庚迁都至此290年后，[2]武王伐纣，殷都第一次遭到了摧毁（公元前1122年），此后，周公讨伐禄父时又遭到了第二次破坏（公元前1113年），第三次是狄人对卫懿公发动的攻击（公元前660年）。因此，若要对殷墟开展考古发掘，那么，从上到下至少应该有三个不同时期的文化遗存。这也让人联想到了西方的特洛伊遗址。殷墟的文化遗存，最上部是卫国约450年的遗存，下面应是禄父时代约20年的遗存，最下一层才是殷代盘庚之后290年的遗存。禄父的时代十分短暂，也许可以忽略不计，[3]但卫国时期的遗存是绝对不能忽视的。避开卫国时期的遗存，直接从下面取出殷代的遗物是不可能的。反过来说，一开始就出现殷代遗物的遗址，绝不可能是殷墟。

在安阳县小屯附近，国民政府时期就曾进行过多次考古发掘，但最终都没能找到城郭。这一带出土的遗物，按照从事调查的学者们所断定的那样，尽是殷代或者更早的遗物，这反而证明了此地并非殷墟。

那么，殷墟究竟在哪里？我们必须从《史记》显示的“洹水南，淇水北，黄河西”这个范围中去寻找。而当时的黄河在今天的开封附近急剧北折，大约与太行山脉平行北进，在河北平原的北部东折注入大海。被黄河这一大弯曲所包围的地方叫作河内，中心就是殷、卫的所在地。恐怕都市国家必须建立在黄河附近，依靠周围肥沃的平地来养活城中的人口。

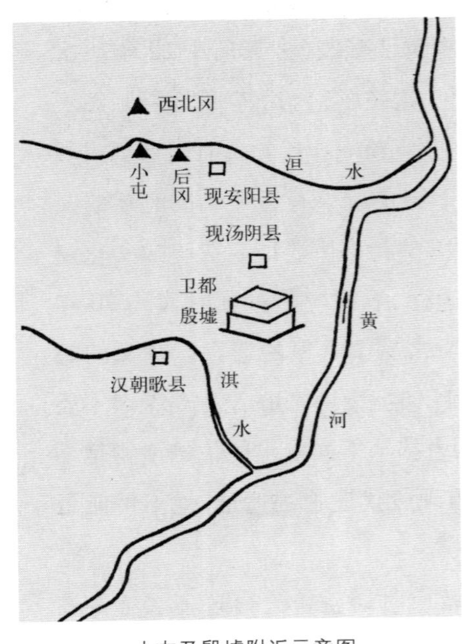

小屯及殷墟附近示意图

黄河流经此处，证明此地比附近都要低，而后世黄河又流向了别处，说明当地因泥沙和黄土的堆积地表被抬高了。出乎我们的意料，这里的土砂堆积具有强烈的大陆性，或许殷、卫都市国家如今已完全被深埋于地下，在地表上似乎没有留下任何痕迹。从上文引用的《史记》中可以看出，直到项羽时代，还存在着被确切称作“殷墟”的地方。而使与殷墟有关的知识发生混乱的，是汉代设立朝歌县一事。众所周知，殷的都城又称朝歌，所以殷墟应该就是原来的朝歌。然而，在项羽称霸之际却又出现了一个新的朝歌。项羽灭亡秦国后成为天下霸主，按照对秦作战的功绩大肆行赏，并封自己喜欢的将领为诸侯，其中就有原赵国的部将司马卬。《史记·项羽本纪》载：

> 赵将司马卬定河内，数有功，故立卬为殷王，王河内，都朝歌。

司马卬领有河内之地，号殷王，都朝歌。这里，朝歌这一地名，与上文出现的殷墟之间，作者没有言及两者的关系，可见应该是两个不同的地点。这里的朝歌或许就是后来汉代的朝歌县，因为楚汉相争之际，殷王司马卬几乎未作任何抵抗就投降了汉军，[4]都城朝歌也应该没有遭到什么破坏，在汉统一天下后，继续作为朝歌县，隶属于河内郡之下。

还有其他证据可以证明汉代的朝歌县与当时被认为是殷墟的地方是两个不同的地点。北魏郦道元《水经注》中记洹水和淇水称："淇水自元甫城东南，径朝歌县北。""洹水出山，东径殷墟北。"殷墟的记载与《史记》完全相同，位于洹水以南，而朝歌县则在更南，位于淇水之南。

能够明确区别殷墟和汉代朝歌县的知识，一直持续到北魏时期，但毕竟朝歌是古殷都的名字，终究会令人误以为汉代的朝歌和殷代的朝歌就是同一个地方，这样的纷乱到唐代后已经发展到了难以收拾的地步。《汉书·地理志》河内郡朝歌县条颜师古注中出现的"纣所都，周武王弟康叔所封，更名卫"，就是著名的一例。但如仔细整理关于殷墟的知识尚且准确的《史记》等史料，即可弄清殷墟的地理位置及其特殊性，以及与汉代朝歌县的关系，不问即可知唐人的认识是错误的。

三　小屯墓地的时代

如果罗振玉所比定、命名的殷墟并不是真正的殷墟，真正的殷墟则应另有其地，那么，出土所谓殷代遗物的小屯又是什么地方呢？答案其实非常简单。考古学是实证性最强的学科，所以，只要把调查结果直接理解为事实就可以了。但若要将其与古文献联系起来加以比对，那么，就一定要按照文献学的方法来进行，以期不出差错。由于罗振玉生活的时代，还没有形成中国上古社会是都市国家这种认识，田野的调查和发掘也没有充分展开，能够确定的只是出土了甲骨这一事实而已，因此单纯地因出土了殷商文物，这里就是殷墟这样的结论，甚至连殷墟还必须是卫都这一点都没有想到。

国民政府完成统一后，中研院所属的历史语言研究所第一次对小屯附近展开了科学的调查和发掘,发现了众多的遗址和遗迹,震惊了世界学术界,尤其令世间震惊的是大规模的墓葬群和丰富的陪葬品。然而,让人感到不可思议的是,从事调查发掘的人,面对这样的全新事实,不仅没有对此前的殷墟命名表现出丝毫的怀疑,反而越发确定此地就是殷墟。看来他们已经陶醉于这出乎意料的大发现,连文献的考证都认为可以弃之一旁了,而这背后也许还有对绝世大家罗振玉、王国维等人的无限信赖。一群宏伟的墓葬重现人世,但却并未像预期那样发现类似于都城的城郭遗址,面对这样的现象,他们当然应该怀疑这到底是不是殷商的国都。即便是从常识上来思考,都城之中也不可能存在着如此大型的墓葬群吧!

墓葬最初只发现于洹水的南岸,但不久在洹水的北岸西北岗等地也发现了大型的墓葬。如果说殷墟的范围扩大到了洹水以北,那就更令人生疑了。罗振玉把小屯附近推定为殷墟,最重要的理由就是它位于洹水之南这一地理位置与《史记》的记载吻合。既然殷墟横跨洹水南北,那么这一前提就已经崩溃了。

小屯附近出土了殷代的遗物,所以这里就是殷墟;因为这里是殷墟,所以这一带出土的文物就是殷代的遗物。

这样的循环论证法显然是他们的魔咒,这让其他想法都没了容身之地。此后,从事发掘的学者陆续出版了言之凿凿的殷墟调查报告,但站在我的立场来说,当初发现墓葬群的时候,就应基于这一新的事实,将此地视为墓地。在此,我们有必要重新探讨一下古代的墓地形态。

西方有句谚语：无论出于多么理想的目的，在建设新的殖民地时，最先需要的是墓地和牢房。中国上古的都市国家通常选择近郊的丘陵作为墓地，其中洛阳北部的邙山最为有名。此外，关于墓地的选择，还散见于史籍之中。

晋文公是继齐桓公之后的春秋第二霸，曾向卫国东南的曹国发起进攻（公元前632年），快要逼近城门的晋国军队被顽强抵抗的曹国所击退，撤退时遗弃了众多的尸骸。为宣扬胜利果实，曹国将收集起来的晋军尸体置于城墙上暴晒。晋文公听从部下的谋略，把阵地移到了曹国郊外的墓地。这一举动给曹国人造成了巨大的恐慌，人们唯恐晋军发掘坟墓，侮辱自家祖先的遗体。于是，曹国马上改变态度，将晋军遗骸郑重入棺，并送至晋军营中（《左传》僖公二十八年）。晋军只是威吓一下，并非真的要挖掘曹人墓地，而另一个与之相似的故事则以悲剧收场，这就是战国时期的即墨。

在齐国和燕国的第二次战争中，齐国连战连败，丢失了七十余城，只有莒和即墨两地还在死守。即墨守将田单为鼓舞城中军人的士气，采取反间之计，激发燕军采取更加残暴的举动。《史记》卷八二《田单列传》记载了燕军在即墨郊外毁坏墓地的暴行："燕军尽掘垄墓，烧死人。即墨人从城上望见，皆涕泣，俱欲出战。"可见，即墨的墓地就在城上能够望见的郊外（公元前279年）。

小屯村一带虽然不是殷墟，但无疑与殷和卫这两个前后相承的都市国家遗址——殷墟接近。因此有充分的理由推测,小屯附近就是附属于殷和卫的墓地。至今发现的大墓,中国考古学家均将之断定为殷王之墓,可这又有多少证据可言呢? 似乎仍然在“这里是殷墟,所以出土的遗物均为商代”这种循环论中打转。既然卫国继承商邑建立了都市国家,那么,附属于都市国家的墓地自然也就从殷变成了卫。至少对成为卫人的殷民七族来说,虽然君主变了,但他们的墓地应该不会改变。殷人的文化本来就比周人先进,因此可以这样认为,新建立的卫国,在各个方面都会继承殷人的传统。

有明确的史料表明卫国近郊有卫君的墓地,我对这段史料很感兴趣。《史记·卫康叔世家》这样叙述了第十代卫君共伯(名余)死于非命的情景:第九代卫君釐侯死后,太子共伯余成为第十代卫君。但釐侯生前非常宠爱共伯余的弟弟和,先后赐予了大量的财物。和利用这些财物养死士,伺机(或许是安葬釐侯之时)在墓地袭击共伯,共伯无奈在釐侯墓的墓道中自杀。卫人将其葬在釐侯之旁,谥曰共伯,和则自立为君,是为第十一代卫君武公(公元前812年)。武公四十二年,周幽王为犬戎所灭,次年平王东迁之际卫武公助周有功。这里特别令人感兴趣的是,史料中提到了卫君釐侯墓中的羡道。小屯附近发现的大墓或者设置东南西北四条墓道,或者设置南北两条墓道,即便说其中之一就是釐侯墓的话,似乎也绝非空想。

商代君主权的继承是否总是很平稳,这一点没有史料可以佐证,但在卫国的历史上,釐侯死后就革命不断。第十一代卫君武公在位长达五十五年，继武公而立的庄公在位二十三年，继庄公而立的桓公被弟弟州吁所杀，国人又杀州吁，立州吁之弟为宣公。宣公却因一个女子杀死了太子伋及其弟寿，国人大失所望。宣公死后，其子惠公继位，最终遭国人驱逐。惠公之子即懿公，如前所述因爱鹤而遭国人背叛，死于狄人之手。

小屯附近的大墓中发现了众多的殉葬人，这一具有冲击性的事实，自然可以理解为古代野蛮的风俗，但总不免有些异样的感觉。如果将这些墓葬视为卫国墓葬，并结合卫国革命不断的背景，或许就能得出一些合理的解释。尤其是在小屯对岸的大墓的发掘中，发现了一些引人注目的现象，这就是几座墓葬的墓道有重叠现象。也就是说，后来的墓葬破坏了旧墓的墓道，这是否意味着后来的营墓人对前面的墓主并非心存敬意？如果知道此前的墓主是自己的祖先，对其抱有敬意，那么就必然会努力避免新墓道破坏旧墓道现象的发生，而且这也并不是什么难事。

如果小屯附近是殷、卫都市国家的附属墓地，那么，墓葬就有可能横跨了殷、卫两个时代，附近出土的青铜器等遗物也必然包含了殷、卫这两个时代。虽然从殷到卫自然存在着断层，但其连续性无疑也应该非常强烈。一方面，君主从殷人变为周人，这属于断层，但另一方面，卫人中包含着殷民七族，这就是其连续性。也许卫的文化更多地受到了先进的殷文化的影响，因此，今天若想明确区别是殷商青铜器还是卫国青铜器，于学者而言亦非易事。

甲骨文也是如此。学者一听到甲骨就马上联想到殷商,其实由殷入卫后,占卜的方法并没有立刻消失。《左传》僖公九年(前641)载:“卫大旱,卜有事于山川,不吉。”[5]当时的卫国虽已迁都楚丘,但与旧都殷墟之间的距离并不遥远,因此无法断言新都与旧墓地之间的关系也就立刻断绝。如果文公时代所用的甲骨和其他物品一同被运到旧墓地埋葬,又侥幸被二十世纪的考古学家们发掘出来,学者们真的有能力将它们从殷商的甲骨中区分出来吗?

又据《史记》卷一二八《龟策列传》记载,即使到了西汉司马迁的时代,龟甲占卜仍然很流行,并没有把它当作什么稀奇的现象,文载:

> 至高祖时,因秦太卜官。天下始定,兵革未息。及孝惠享国日少,吕后女主,孝文、孝景因袭掌故,未遑讲试,虽父子畴官,世世相传,其精微深妙,多所遗失。至今上即位,博开艺能之路,悉延百端之学,通一伎之士咸得自效,绝伦超奇者为右,无所阿私,数年之间,太卜大集。会上欲击匈奴,西攘大宛,南收百越,卜筮至预见表象,先图其利。及猛将推锋执节,获胜于彼,而蓍龟时日亦有力于此。上尤加意,赏赐至或数千万。如丘子明之属,富溢贵宠,倾于朝廷。……余至江南,观其行事,问其长老,云龟千岁乃游莲叶之上。

其下还有褚先生的补记,龟甲占卜绝非殷商独有之物。

四　今后的课题

作为中国历史的出发点,“殷周革命”具有重要的意义。尽管如此,我却长期苦于无法得知当时的具体情形,只觉得为朦胧之感所困,挥之不去。但这种朦胧之感,随着把中国上古时期定性为都市国家而逐渐散去,同时古代社会的状态也渐渐得以明晰。然而,这次殷墟的问题挡在了我的面前,成了我理解中国上古史的一个障碍。因此,我将所有的问题都拉回到了一张白纸上,站在原点,基于自己的理解重新建构历史,于是,前人关于殷墟的一般理解都变得难以成立。那么,前人又是如何得出这些观点的呢?

我认为,传统的上古史编年体系对王朝的存在评价过高。首先,中国历史始于夏,夏之后是殷,殷之后是西周,西周之后是东周,直到东周,人们才意识到了列国的存在,从春秋到战国,战国七雄被统一为秦,然后进入汉。作为历史发展年表,这些都没有错。但是,如果涉及具体的文化发展历程时,这个年表体系就不那么亲切了。从殷到周,具体来说就是从河南的安阳附近一下跳到了陕西省的西安附近,无视空间的距离,直接把殷商灭亡后的历史交给了西周,这样的做法真的就妥当吗?当今中国考古学的研究成果认为，在西周文化尚未完全确立之前，丰富的殷商文化暂时填补了这一空白的时代。这样的说法非常可笑，之所以会得出这样的结论，根本原因在于他们相信那样单一的历史年表。

我认为，都市国家时期的社会，与后世统一国家时期的社会有着相当大的差异，因此，必须运用与后世历史研究不同的研究方法。这种研究方法的重点是将目光集中在历史的连续性上，从众多的都市国家中选出最适合的对象，制成一以贯之的年表，并以此为坐标考察各种遗址遗物的编年体系。我现在设想的年表主轴是：

殷——卫——战国·魏——秦——汉

注释：

1. 戴公的曹是属于卫国的小邑，不同于《史记·曹叔世家》的曹。

2. 殷都延续使用的年数。朱右曾辑录《古本竹书纪年》中「自盘庚徙殷至纣灭七百三十年，更不徙都」引自《史记·殷本纪正义》，而王国维校补（《海宁王静安先生遗书》第三十六册）云，「国维按，此亦注文，或张守节隐括本书之语也」，主张上文并非《竹书纪年》的本文。无论如何，七百三十年都太漫长了。虽然采用了现在通行的二百九十年，但也许还是太长了，且卫都殷墟的时间定为四百五十年，同样也显然太长。本文对此不作深入讨论，仅采通说而已。

注释：

3. 关于殷之三监。《汉书·地理志》称：「河内本殷之旧都，周既灭殷，分其畿内为三国，《诗风》邶、庸、卫国是也（师古注：纣城北谓之邶，南谓之庸，东谓之卫）。邶，以封纣子武庚；庸，管叔尹之；卫，蔡叔尹之：以监殷民，谓之三监。故《书序》曰：武王崩，三监畔，周公诛之，尽以其地封弟康叔，号曰孟侯，以夹辅周室，迁邶、庸之民于雒邑。」据此，康叔获得了三监的全部领土，而人民只继承了先前蔡叔所领之殷民，禄父与管叔所领之殷民被迁到了洛邑。然如前文所引《史记·卫康叔世家》所云，康叔继承了武庚禄父所领的殷民，因而出现了矛盾。今从《史记》。我由此推测康叔的卫国是禄父之国，禄父之国是纣王的殷。关于这一点，其他论点也可以成立。康叔之卫无疑得名于蔡叔之卫，所以土地也必然是承袭自蔡叔。或者采用此处的颜师古注，纣王本来的殷都在三监时代一度毁弃，三监之乱平定后通过康叔的卫国得以复兴，这样的见解也可以成立。但无论如何，三监时代不过十年，与盘庚到纣王的殷、康叔到懿公的卫，均不能同日而语。

在我看来，小屯已经能够涵盖殷和卫这两个时代的大部分内容，问题是卫国末期的濮阳时代和战国的魏。目前，中国尚不具备单纯为学术目的而展开大规模考古发掘的条件，但我们也不必着急。将来如果能在濮阳和大梁（开封）展开大规模的田野发掘，我们就能在卫文化如何影响了魏，又如何影响了秦乃至汉的问题上获得更多的线索。

我一直认为，中国古代史研究的成功与否，取决于能否顺利地与汉代社会进行衔接。如果从遗物的编年体系上能够实证上述文化继承图，那么，即使被这一继承图漏掉了的西周、东周乃至郑、鲁、齐等国的问题，也能因此得到演绎和说明。

注释：

4. 司马卬和司马迁。据《史记·太史公自序》，司马卬和司马迁出于同族，所以司马迁似乎对司马卬有着特别的兴趣。他之所以对殷墟位置有着明确的认识，也许是获得了什么特别的信息。

5. 卜和筮的关系。文公卜出的结果是不吉，这明显很奇怪。因为凶吉并不是龟卜的用语，而是筮占的用语，龟卜的结果往往会表达得更为具体。《史记·齐太公世家》所载周文王出猎的一段就是如此，得到的答案是「所获非龙非螭非虎非罴，所获霸王之辅」，这才是龟卜的原貌。与之相对，筮占则是阴阳两极的对立，通过各种组合的形象来判断吉凶。龟卜是所谓泛神论，筮占则明显是二元论（关于筮占可参考拙稿 *Le Dévelopement de l'Id e de Divination en Chine*. Mélanges de Sinologie offerts à Monsieur Paul Demiéville, Pairs 1966）

我们必须对当代中国考古工作者的发掘和研究成果给予充分的肯定，但没有理由因为他们从事了实际发掘工作，在接触和观察实物方面又占有优势，我们就必须在历史根本问题的探讨上也一一听从他们的意见。坦诚地说，当今中国本土的学者如果不改一改他们长期以来形成的研究方法，我还真不放心把中国史的研究重任托付给他们。在学术过多地受到外在因素影响的环境中，他们有时显得非常进步，有时过于激进，但一涉及学术的核心问题，也就是必须是专家才能发言的时候，他们却反而变得保守，有时甚至是封建的、趋炎附势的。之所以会谈到这一问题，是因为我觉得自己有义务将这些现象告诉给我国刚刚踏上研究道路的年轻学者们。

注释：

但龟卜和筮占经过漫长的发展后相互混淆了。我特别想指出甲骨上的卜辞中出现了爻成分的文字，比如「教」这一文字的出现。爻无疑是筮的用语。我宁可由此认为，甲骨文字未必那么古老，也未必那么原始。字体古老也并不能证明书写时代的久远。占卜这样的传统职业当然会保存一些古老的传统。无论传统有多么古老，只要书写时代是新的，就很有可能从别处流入一些新的要素。在我看来，即使甲骨真的是殷代的遗物，但其实际年代没有世人所认为的那么古老。此外，我还认为史籍记载中西周的年代过于漫长，殷商灭亡与周室东迁，是周民族由西向东移动的一连串事件，两者之间不可能经历好几百年的时间（参本书上卷所收《中国古代史概论》）。

我是中国考古学的门外汉，之所以能够写成这篇论文，有赖于日本专家对相关问题仔细且明晰的整理。尤其从贝塚茂树所编《殷帝国》和樋口隆康所著《从北京猿人到铜器》二书中获益颇多，在此表示感谢。

原载《东洋史研究》第二十八卷第四号，1970 年 3 月

补遗

此前我在本刊第二十八卷第四号上曾发表了《中国上古的都

市国家及其墓地——“商邑”何在》一文，文中指出，正如我一直所坚持的那样，河南省安阳县小屯村一带，不应该是殷墟，当然也不会是此后的卫国都城。殷、卫这两个都市国家的遗址，应该到东南方向的平原中去寻找，小屯一带不过是附属于这两个都市国家的墓地，因此，出土物中也很可能混入了卫国时期的遗物。

后来有人提醒我说，卫国的遗址有濬县辛村墓地，不要把殷和卫混同起来。因此我有了仔细探讨《濬县辛村》这部发掘报告的机会。

含有上古遗存的辛村，位于河南省濬县城西35公里，距京汉铁道濬县站约3公里。这里是黄河支流之一的淇水上游，水流从山地流入平地，形成了一个溪口，辛村即位于溪口的北侧岗地上，岗地南侧的断崖下临淇水。辛村东侧一带的古墓屡遭盗掘，1931年接到报告的国民政府中央研究院历史语言研究所令郭宝钧等人前往调查，第二年陆续进行了四次发掘。出土遗物被运往河南开封，日中战争爆发后，为避免战火而辗转四川、云南，最后据说从南京运往了台湾。其间有过实物的展览，部分发掘报告也分几次刊印过。1964年，郭宝钧将手头剩余的调查资料整理出版，这就是考古专刊乙种十三号《濬县辛村》，用日语来讲就是B5型，正文74页，图版104页。作者兼发掘负责人郭宝钧将发掘区域分成三部分，即接近东北部的甲区、南部的乙区和两区以东的丙区，并且分别推测为西周成王至穆王时代、孝王至宣王时代、幽王到东周时期的卫国贵族墓地。

若要简单说一下阅读该书后的感受，那就是有一处同感，一处异议，其他都是一些无法确定的点。先说同感，那就是作者把这处共计 84 座墓葬的地点如实地判断为墓地，并且认为墓主应该是生活在 20 公里以外的卫国贵族。虽然我对作者考定的卫国位置仍有异议，但把都邑和墓地截然分开，在两者之间设置了 20 公里的距离，这一点与我的想法非常一致。但他为什么不把这层关系推广到殷墟的研究上呢？这一点我觉得不能理解。我在之前的论文中谈到的第一点就是，从殷商到卫国，小屯一带都应该是墓地，虽然未能明确给出墓地与都邑之间的里数，但已指出应该在小屯的东方，即当时的黄河附近去寻找。我的结论绝不是突发奇想，如果赞同郭宝钧在辛村遗迹报告中所用的论证方法，我想我当时的想法也就能很容易地被接受了。

对比小屯和辛村的地理环境，不难发现它们在地形上的相似性。小屯在洹水上游，位于平原进入丘陵的谷口附近，辛村位于淇水的上游，同样处在平原进入丘陵的谷口附近，差异只是一条是洹水一条是淇水而已。既然辛村无法被认作卫国的都邑，那么小屯不也同样难以成为殷商的都邑吗？

将小屯视为殷商的王宫，并将以此为中心的 24 平方公里范围视为殷都商邑——殷墟，这样的设想虽然非常宏大，但如果真是这样，那就可以与西汉长安城媲美了。然而，所谓“王宫”，其实只是在长约 28 米、宽 8 米的台基上建的平房，这也太寒碜了吧。京都的三十三间堂，台基长约 130 米，宽约 25 米，与之相比，殷墟的王宫仅是其十五分之一。三十三间堂中安放着 1 200 座观音像,但仅为其十五分之一的王宫中竟能同时聚集 3 000 人牛饮,酒池肉林,为长夜之饮,无论如何都是不可思议的。总之,考证的破绽源自事物的不平衡,而结论的不平衡则源于前提假定的不完善。

其次,是对该书的最大异议,这就是对辛村一带在周代属于卫国的考证方法。作者引用的史料,首先是《诗经》中的《国风》,《诗经》中共有十六处歌咏淇水,其中有十二处列于《卫风》之中,这当然没错。其次是引用《诗・柏舟》的郑笺,这就不妥了。郑玄是东汉人,其所引用的也就是《汉书・地理志》的内容。接着用作史料的是《书序》,那几乎都是常识性的一般认识。用这三种史料就完成了考证,哪有这样的考证方法!如果这些依据都不过是从商务印书馆《古今地名大辞典》中查出来的,那就是地地道道的没见识了。只要是对古典稍有常识的人,就会从《汉书》上溯到《史记》,特别是《卫康叔世家》,乃至《左传》、《竹书纪年》等不可或缺的史料。对这些关键史料视而不见,反用无关紧要的史料就匆匆了事,其间一定有什么原因。

我个人推测,作者是怕深究这个问题会触及殷墟的问题。只要深究卫国历史地理的考证,就必然会触及殷墟的问题,毕竟殷都就是卫都,甚至卫国的领土都是殷商的领土。所以,卫国的史料几乎都是殷的史料,殷的史料也几乎都是卫国的史料。此前的学说实在有些不可思议,明明是涉及殷、卫共同的史料,却只用来构建殷墟的学说,如今一旦站在基础史料之上认真考证卫国的历史,这就不可避免地要对此前关于殷墟的学说提出批判。于是作者慎之又慎,在《诗经》、《郑笺》、《书序》等文献中努力找出不出现殷墟字样的史料,将之拼凑在一起,同时还把其中出现纣都的地方全部省略,还装作一副全然不知的样子。这也是我对最近中国学术风气最不能接受的地方。

如果想要公正地来思考考虑这个问题的话,那就应该把用于考证殷墟的史料加以保留,然后在指出殷就是卫的基础上,进一步说明小屯出土的遗物和辛村出土的遗物到底存在着什么样的时代差异。至少在这个范围内,我还是赞成的。也许在以郭氏为代表的小屯发掘者中间,早已有人察觉到小屯是殷墟(亦即卫都)这一观点难以成立。外国的门外汉都察觉到了,当地的专家没有理由察觉不到。但他们被重重的组织所束缚,对同辈的仁义,对惹恼前辈的恐惧,使他们不得不对自己的想法三缄其口。由此也就不难理解毛泽东发动"文化大革命"、学者们不断进行自我批评的必然性了。

言归正传,我认为小屯一带只是殷的领地,当然也就是卫的领地,所以小屯出土的遗物既有可能是殷的遗物,也有可能是卫的遗物。同理,辛村一带既是卫的领地,同时也是殷的故地,因此辛村出土的遗物中不排除同时出现卫的遗物和殷的遗物的可能性。辛村一带的发掘尚限于辛村以东地区,辛村本身尚未展开发掘。

该书作者对小屯一带出土的遗物与辛村出土的遗物进行了比较，意在判断两者时代上的差异，但同时也承认两者之间存在着连续性。在辛村青铜器的铭文中，有用天干来表示人名的现象，如父乙，我对此深感兴趣。甲区出土的一件青铜尊，铭文有二十四个字：

隹公□于宗周

□从公亥□洛(格)

于官□□贝用

乍父乙宝尊彝

最后一行的释文应该接在第35页的页底，却误接到了第39页的倒数第5行，这一点阅读时需加留意。在其他青铜器中，鼎铭中的父辛，爵铭中的父癸，五件带铭青铜器中就有三处出现了天干。一般认为使用天干命名是殷王家族的特色，罗振玉等人将小屯出土的甲骨文字断定为殷代遗物，也正是因为将甲骨文中出现的天干名与文献记载中出现的殷王名进行对比的结果。

如果辛村出土的遗物无疑只是卫国的遗物，那就说明所谓殷代特有的命名法被卫国所继承，这不正说明了此前以天干命名为由确定下来的殷代遗物中很可能混有卫国的遗物吗？总之，殷和卫之间并没有巨大的断层，而历史事实也不应该有太大的断层。小屯遗物和辛村遗物之间的一些断层及关联，运用到古史记录中殷、卫历史年代的哪个部分才最合适,我想这就是我们今后的课题。总之,以文献记录为主的文献派和以实物实地为主的考古派、建筑派,在古代史研究中常常发生意见上的分歧,这时从整体认识上来说,文献派的意见往往是正确的。因为仅凭实物就想构筑一个体系,这几乎是不可能的,即便是考古学,如果不借助文献学的话,有时甚至连出发点都找不到。

我在上大学的时候,正是学术界为法隆寺的重建问题闹得不可开交的时候。建筑史的老师曾把我们带到奈良,在实物面前讲解古寺样式,还事先声明道:“也有主张重建法隆寺的观点,但那只是喜田贞吉博士的一家之言。”而西洋史学教授原胜郎博士同时又是《日本中世史》的作者,不愧学贯东西,他就支持喜田博士道:“只要无法证明《日本书纪》中关于法隆寺烧毁的记载是后世篡入的,那么,记录本身就不可能是错的。把站在平城京就能望见的法隆寺火灾之事都记错了,这样的事情难以想象。”后来经过详细的调查,果然文献派被证明是正确的。

在这件事情上,原胜郎博士还教导我们:“越是严谨的历史学家就越善于怀疑,他绝不会去追随那些多数人口中的通说。”我谨遵恩师的教诲,在这里想对当代的考古学家再提一个疑问,这就是考古学家发掘出土的遗物全都是真的吗?中国自古以来就有非常多的仿制品和赝品,古铜器尤其如此。毕竟从两千年前的汉代开始,古铜器就被视为宝物,在一千年前的宋代尤为流行。年代越古,价钱也就越高,这就为制假提供了绝好的条件。而且中国的制假工艺还特别地巧妙,如果想使铜器生锈,他们绝不会急于使用药物处理等方法,而是等待长年累月的自然腐蚀。不图在自己这一代收到成果,而把赝品埋入地下,作为世袭财产留给子孙们去发掘。另一方面,古墓葬几乎都遭到过盗掘,从公共的角度上说是盗掘,但从土地所有者的角度来说,这未必不是自家的财产。所以,盗墓被当作为子孙投资的好机会。过去盗掘行为猖獗,近来也有较多的学术性发掘,但几乎没有听说过有赝品出土的报告。这么多的赝品究竟去了哪里?赝品不是一眼就能认得出来的,真品必须加上定冠词,而赝品则用不定冠词即可。

敦煌遗书自发现以来还不到一个世纪,却已有各种极尽巧妙的收藏品流转于世,甚至骗过了不少本行专家的眼睛。我希望当代考古学家不要媚于古铜器古玩一类的收藏家,不迷信前辈学者,坚守学者应有的批判立场。

原载《东洋史研究》第二十九卷第二、三号,1970年12月

战国时期的都市

一　绪　言

战国时期是中国社会各方面都取得长足发展的时代。虽然传统的中国史观常常将其定义为混乱无序的时代,但事实并非如此,战国时期是新秩序萌芽,并为秦汉统一国家的形成奠定基础的时代。其中,商业有了显著的发展,地域广阔的中国通过商业在经济上得以结合,这可以说是引导中国走向政治统一的重要因素。[1]商业的发展必然伴随都市的发展,因此战国时期也可以说是都市发展的时代。商业和都市的发展并不是战国时期独有的现象,在中国史上处处可见,尤其为人熟知的是唐宋之间、明末清初和清朝末年。那么,战国时期的都市发展在漫长的中国历史上占据着怎样的地位,又有着怎样的意义呢?

在尝试考察之前，我首先希望读者想起一个事实，那便是中国古代社会是由无数被城墙环绕着的小型农业都市组成的。因此，城郭都市生活才是中国文化的象征。《管子·轻重戊第八四》中这样叙述大禹治水的功绩："民乃知城郭门闾室屋之筑。"这不仅意味中国人知道了城郭生活的存在，或是中国人的一部分已经过上了城郭生活，而是意味着几乎所有的中国人都已经将住在城郭中作为一种常识，正如同把住在宫室中作为常识一样。相反，《孟子·告子下》中记述貉民族为"夫貉，五谷不生，惟黍生之；无城郭、宫室、宗庙、祭祀之礼"。不知宫室生活和城郭生活，是异民族之所以为异民族的重要原因之一。

但是，古代中国这些城郭城市的本质是农业都市，因此其自给自足的程度必然很高。同时，农作物也仅是局部性的产品，不具备后世流通天下的商品性。即便是天下统一后的汉代，《史记·货殖列传》载"谚曰：百里不贩樵，千里不贩籴"。换言之，中国古代社会虽然过着城郭生活，但还没有完全商业化，国内市场也很不发达。尽管如此，大都市中市场与商业取得的前所未有的繁荣也常常被记载下来，这其中究竟有着怎样的原因呢？我想针对这一点着重进行考察。

为方便理解，我先给出结论：战国时期大都市的发展并非源于纯粹的经济性原因，更多的是因政治性或军事性的原因而繁荣起来的。但无论如何，随着财富向大都市聚集，都会导致其作为经济力量促进工商业的发展，使大都市同时成为经济的中心。因此，虽然结果上十分相近，但战国时期的大都市比起千百年后多由纯粹经济力量而自然形成的宋代都市，在性质上是大相径庭的。

二 都市发展的原因

战国时期的大都市首先是作为政治性、军事性都市发展起来的，但这里想单从军事性的立场进行考察。顾名思义，战国时期是一个战火连天的时代，因此政治也从属于军事，军事性的要求会左右一国的政治与经济。正是从春秋进入战国之际，中国的战争方式也发生了巨大的变化。

春秋时期的大规模战争往往是同盟军与同盟军之间的战争，同盟军的盟主即是霸主。霸主要求同盟者平时纳贡，战时征发军队。《左传》哀公七年（前488）记载："鲁赋八百乘，君之贰也。邾赋六百乘，君之私也。"意为鲁国向霸主吴王夫差提供战国八百乘，而邾国提供六百乘。

进入战国以后，强国的国王拥有了原来霸主的地位，作为加入同盟的小国则失去了独立的地位，土地被编为强国领土的一部分。而生活在强国疆域内的人民，也不得不向中央提供比以前更加沉重的租税与力役。

战国时期的人民原则上承担相等的兵役，一遇战事就被编入军队。此时，地方上的某个地域就以其中的强大都市为代表直属中央，这就是县。县在军事上是征兵单位，如同战前日本的连队区一样。《战国策》“魏安釐王”条中所说“魏氏悉其百县胜兵，以止戍大梁，臣以为不下三十万。以三十万之众，守十仞之城”，指的就是国家存亡之际国民总动员的状态。

“县”字与“悬”字的字义相同，都是独立于中央的意思。《左传》宣公十一年（前598）记载楚国灭陈国后将之作为县，这是史籍中第一次出现县的例子。进入战国以后，强国几乎将领土内部全都编成了县，随着县数的增加，随后便设置了被称为郡的地方组织对其进行统合。通常认为“郡”就是“群”，意为县的集合体。[2]

因此，在先秦典籍中已经可以见到将天下统一称为“天下为县”的说法，如“以是县天下，一四海”（《荀子·王霸篇》）。而最初将其付诸实践的，就是后来的秦始皇。

在战国时期连绵不断的战争中，原则上每逢战时都要从地方的县征发军队，但由于交通不便，这在当时并非易事，且由于无法灵活动员，也会出现远水难救近火的情况。于是产生了职业军人这个阶级，他们往往驻扎在一国的都城之中，因此也就成了这个都市的主要居民。其中最典型的是战国时齐国首都临淄，《战国策》“齐宣王”条记载了苏秦的一段话：“临淄之中七万户，臣窃度之，下户三男子，三七二十一万，不待发及远县，而临淄之卒，固以二十一万矣。”口数的计算有些夸张，当时的齐国如果出现了七万户的军事大都市，无疑是令人吃惊的。而且这个“七万户”似乎还是通用到汉代的概念，《史记》卷五二《齐悼惠王世家》中引主父偃的话："齐临淄十万户，市租千金，人众殷富，巨于长安。"文中的十万户或是七万户之误。

然而这里需要考虑的是，虽然齐都临淄有七万户，但其疆域内却没有相继出现其他的大都市。纵观战国七雄，任何一国都是都城规模庞大且经济繁荣，而居于其下的第二流城市则要落后得多，它们多被称为"万家之都，万户之邑"，[3]位于首都和万家之都之间的大都市是很少存在的。[4]《战国策》"赵孝成王"条记载，韩国的上党太守冯亭以七十城降赵，赵王大喜，派赵胜受降，"请以三万户之都封太(郡?)守，千户封县令。"乍看之下似乎有很多三万户的都市，其实根据《史记》卷四三《赵世家》"以万户都三封太(郡?)守，千户都三封县令，皆世世为侯"的记载，应理解为三座万户之都。一流都市为万户，二流都市为千户，这是整个战国时期的常识。《管子·乘马第五》云："上地方八十里，万室之国一，千室之都四；中地方百里，万室之国一，千室之都四；下地方百二十里，万室之国一，千室之都四。"即便是万户之都，也只相当于后来清代一千七百县中的中等规模吧。

通常被称为邑的都市就更小了。《史记·周本纪》记载周本国被秦所灭时的情景："西周君顿首受罪，尽献城三十六，人口三万。"由于一邑的平均人口不足一千，恐怕户数顶多就在二三百之间吧。

结果，战国时期的都市通常呈现出了这样的情形：首都或相当于首都的特别都市发展成为超级大都市，而其他都市则大多停留在未发展的状态，一流都市万户，二流都市千户，其他大约在二三百户之间。虽然中央大都市与地方小都市的距离并不遥远，但不仅在大小规模上，甚至文化上都有天壤之别，从邯郸学步的寓言中就可以看到这一点。[5]古代文献中常常以都和鄙来反映文化水准的差距，其实也正是基于这样的情况而产生的。

三　大都市的居民

在中国古代，"国"这一词语不仅指领土，也常常指都城，对于战国时期的君主来说，首都才是他们作为专制君主的权力根据地。他们将疆域内的所有经济力量全都运至都城贮藏，由首都的居民组成其武力的主体，因此，战国君主所需戒备的便是国都的人心向背，任何专制君主在推行某项政策时都无法不顾首都的民心。[6]战国时期齐国的田氏为篡夺旧主吕氏的政权，首先采取的政策就是收买首都的人心。据《左传》昭公二十六年记载，当时田乞用恩惠收买国人，齐庄公的宰相晏子引用礼"家施不及国"的典故劝说庄公必须阻止田乞收揽人心，结果没有成功。齐人之间流传着田氏将行革命的传言，最后革命果然实现了。

到田氏的齐湣王时，由于诛杀谏臣导致民心背离，结果北方的燕昭王派遣乐毅一举攻破了齐都临淄，湣王出逃到莒，除莒和即墨以外的七十余座城池全部沦为燕国的郡县。好在湣王在莒城被杀后，继位的襄王控制了局势，田单也在即墨击破燕军，收复了国都，被燕国夺去的七十余城又重新成为齐国领土。如此看来，齐国的七十余城形同虚设，只是随大势而决定其去留，似乎没有任何的独立性可言。实际上，这些城市都是人口稀少、财力贫乏、且未驻军队的单纯的农业都市，力量十分弱小。

因此，各国的君主都必须认真考虑首都居民的生活问题。即便是首都居民，本来也都是农民，而且首都又大多位于沃野的中央，可以将耕地分给多数的农民耕种，理论上应该是能够自给自足的。但实际问题是，随着首都人口的膨胀，郭外的耕地日益不足，土地最初是平均分配的，但居民间也有贫富分化，尤其是那批接近政权的贵族，凭借权势兼并贫民的耕地，由此弊害丛生。和任何时代一样，每逢一次战乱，这种强与弱、贫与富的差距就会被拉大一次。《韩非子·备内第十五》所言"徭役多则民苦，民苦则权势起，权势起则复除重，复除重则贵人富。苦民以富贵人，起势以藉人臣，非天下长利也"，便从一个侧面说明了这种恶性循环的情形。于是，市民中出现了不必亲自耕种的富有者，与失去土地后被迫耕种他人土地的佣客，产生了阶级的分化。《管子·问第二四》中提出了很多问题，其中就有"士之身耕者几何家？""士之有田而不使者几何人？""身何事？"等问题。失去土地的贫民受雇于他人，沦为佣客。而且这种状况还出乎意料地多见，这方面可以举出很多例子。[7]《韩非子·外储说左上第三十二》云："夫卖庸而播耕者，主人费家而美食、调布而求易钱者，非爱庸客也，曰：如是，耕者且深耨者熟耘也。庸客致力而疾耘耕者，尽巧而正畦陌畴畤者，非爱主人也，曰：如是，羹且美钱布且易云（获?）也。"必须注意，这里的佣客并非临时雇佣，而已经成为一种固定的职业。《韩非子·外储说右下第三十五》载："人有年老自养者，桓公问其故，对曰：'臣有子三人，家贫，无以妻之，佣未反。'"还有秦末叛乱首倡者陈胜的故事，《史记·陈涉世家》称其"少时尝与人佣耕，辍耕之垄上，怅恨久之，曰：'苟富贵，无相忘。'佣者笑而应曰：'若为佣耕，何富贵也?'"这是战国末年或秦朝的事。[8]

日益贫穷的市民最终脱离国家的控制，成为权势者的私有劳动力。《韩非子·诡使第四》记载了这样的情况："士卒之逃事伏匿，附托有威之门，以避徭赋而上不得者万数。"这就回到了立国原来的主旨，《韩非子》中接着说："夫陈善田利宅所以战士卒也，而断头裂腹播骨平原者，无宅容身，身死田夺。"国家的战斗力消失了，必须采取相应的对策。《管子·问第二四》中"问死事之寡，其饩廪何如"，指的就是以免除租税来鼓励民间收养孤幼。但是这样的扶贫制度，即便在二十世纪的今天也难以取得实效，在古代自然也不会像学者们所论述的那样有效。

值得注意的是，金钱借贷在大都市的居民之间格外盛行。《管子·问第二四》云："邑之贫人债而食者，几何家？贫士之受债于大夫者，几何人?"那么，这些贫民在借钱的时候都打算以什么来还债呢？想来指望的应该是战争中的论功行赏吧。正如《史记

·货殖列传》所说的那样,“壮士在军,攻城先登,陷阵却敌,斩将搴旗,前蒙矢石,不避汤火之难者,为重赏使也。”一语破的。

但这同时也引发了危险的后果,那便是游离于生产的市民为改善自己的生活,形成了强烈的好战风气,若被有权势的野心家利用,就会产生更加可怕的好战风气。孟子曾想以王道劝说梁惠王,而此时的梁惠王刚在与齐国的战争中失去了太子申,失望至极。早在战前,太子申一度认为此战乃是无谋之战,想加以制止,但终究因大势而无可奈何,明知是悲惨的结局却只能投身其中。《战国策》“魏惠王”条记载了门客对这一悲剧的预言:“客曰:‘太子虽欲还,不得矣。彼劝太子战攻,欲啜汁者众。太子虽欲还,恐不得矣。’”恰如近代帝国主义齿轮般的运转,在古代的中国也存在过。

四　市与商人

战国大都市中的贫富阶级分化虽不充分,却因政府和权势者对贫民的救济、放贷和施舍等举动产生了大量的纯有闲阶级,这些有闲阶级用于打发闲暇的场所正是市。[9]市自然是城内特定的商业区域,但自古以来商业和娱乐就密不可分,中国古代的市,作为市场的同时也是娱乐场所和社交场所。战国末期,刺客荆轲至燕,与屠狗击筑的高渐离相识,日日饮于燕市,“高渐离击筑,荆轲和而歌于市中,已而相泣,旁若无人者”(《史记》卷八六《刺客列传》)。所谓旁若无人,其实是说众多闲人都聚过来看好戏了。

东汉桓谭的《新论》中写道:“楚之鄂(郢?)都,车挂毂,民摩肩,市路相交,号为朝衣新而暮衣敝。”说的正是市民从早到晚都在市中打发时间吧。[10]据说齐国的临淄也有很多游民,《战国策》“齐宣王”条曰:“临淄甚富而实,其民无不吹竽鼓瑟、击筑弹琴、斗鸡走犬、六博蹋鞠者。临淄之途,车声击,人肩摩,连衽成帷,举袂成幕,挥汗成雨。家敦而富,志高而扬。”一派好逸恶劳的情景。《管子·轻重丁第八三》也有类似的记载:“途旁之树未沐之时,五衢之民,男女相好,往来之市者,罢市,相睹树下谈语,终日不归。”五衢之民就是居住在城内的人民,青年男女因终日游玩于市中而不归家。这样的风气一直持续到东汉末年,《三国志》卷一三《华歆传》记载:“高唐为齐名都,衣冠无不游行市里。”齐湣王被燕人打败、国都被占时,齐人王孙贾受母亲的鼓励,入齐市中与市人语,得四百余人相从,降伏了篡位者淖齿。这里的市人并不是商人,而是正好在市中游玩的都市居民(《战国策·齐王》)。[11]

大都市中产生的纯消费阶级终日在市中打发时间,自然伴随着一种消费经济、市民文化的繁荣。[12]特别引人注目的是商人势力的勃兴,他们虽然遭到政府当局的鄙夷,内在却蕴藏着能够左右国策的潜力。《管子·国蓄第七三》云:“万乘之国有万金之贾,千乘之国有千金之贾……岁有凶穰,故谷有贵贱……然而人君不能治,故使蓄贾游市,乘民之不给,百倍其本。”同书《轻重甲第八十》

中甚至说“故为人君而不审其号令，则中一国而二君二王也”。

战国七雄中，秦以外的山东六国都面临着类似的情况。各国虽然已经形成了不同于春秋时期的领土国家体制，但权力集中的方法却停留在壮大都城而已。结果，首都居民变得游民化，商人势力开始左右国策，贫富差距的扩大则导致了阶级的分化，最终富者极富，贫者极贫，都从国家的控制中脱离了出去，这就是这些大国衰亡的根本原因。[13]

与此相反，开化最晚的秦国，则以六国为前车之鉴，施行了完全不同的政策，有意识地压制商人势力的发展，采取重农抑商政策，保护耕战之士的利益，谋求战斗力的长久化。为此，秦国实行了彻底的兵农一致，战士没有集中在大都市生活，而是与土地结合，从事农耕，国家需要时则从军征战。[14]在这些耕战之士的进攻下，出身都市且早已游民化了的六国军队逢战必败。终于，秦始皇完成了统一天下的大业，遂使孺子轻易成名。

五 结　语

因政策使然，踏上统一之路的秦朝，其都城咸阳依然不是大都市。秦朝没有在国都集结大军，而是靠苛法酷律如特务政治、恐怖政策、铁血肃清等谋求君主权力的伸张。但既然国家已经统一，首都却比已经灭亡的六国故都还小，这显然是与统一国家不相称的。因此，始皇二十六年（前221）采取了一项非常措施，将天下豪富十二万户迁到了咸阳。

然而，秦朝的统治政策遭到了旧六国人民的强烈不满，这也是想象中的结果。首先，大都市的居民，特别是统治阶级，因原有的特权及特殊地位的丧失而深感不满；而地方小都市的农民，以往都是由大都市的居民替其承担兵役，如今在秦的统治下却要同秦人一样被毫无怜悯地征发，其结果引起了上下的大恐慌。前者的代表是韩地张良、楚地项梁等人的反秦运动，后者则是陈胜和刘邦的起兵。

另一方面，屡战屡胜的秦人也面临着来自内部的问题，这就

注释：

1. 参见宇都宫清吉《汉代社会经济史研究》第107页以下内容。
2. 《鹖冠子·王鈇第九》：「其制，邑里都……五乡为县，县有啬夫治焉，十县为郡，（郡？）有大夫守焉。」
3. 《战国策》「楚怀王」条、「赵襄子」条、「魏哀王」条分别出现了「万家之都」、「万家之县」、「万户之邑」等固定熟语，多用于封建的场合。也有与之无关的，如「赵惠文王」条「今千丈之城，万家之邑相望也」，但即便是「万家之邑相望」，其实并没有那么多。

注释：

4. 首都以外的大都会，最好的例子是韩国的宜阳。《战国策》「东周惠王」条载，「宜阳城方八里，材士十万，粟支数年」，是纯粹的军事都市，是防御秦国入侵的前沿基地。同书「秦武王」条云：「宜阳，大县也，上党、南阳积之久矣，名为县，其实郡也。」《韩非子·十过第八》记载了韩国将宜阳割让给秦国时的情形：「秦得韩之都一，驱其鍊甲，秦、韩为一，以南乡楚，此秦王之所以庙祠而求也。」也就是说，宜阳是楚国的心腹大患。孟尝君受封的薛，是齐国大都市，《史记》卷七五《孟尝君传》云：「孟尝君时相齐，封万户于薛。」虽是万户之邑，但该传末太史公赞曰：「孟尝君招致天下任侠奸人入薛中，盖六万余家矣。」虽然有些夸张，但薛确实是在孟尝君的管理下繁荣起来的。他在襄王时代保持中立，得到了诸侯的待遇。

5. 关于「邯郸学步」，《庄子·秋水第十七》曰：「且子独不闻夫寿陵余子之学行于邯郸与？未得国能，又失其故行矣，直匍匐而归耳。」按照通说，寿陵是燕国的地名，所以应该是位于燕赵边境的邑。与之相关的记载是《吕氏春秋·孝行览第二》：「齐以东帝困于天下，而鲁取徐州；邯郸以寿陵困于万民，而卫取茧氏。以鲁、卫之细，而皆得志于大国，遇其时也。」《战国策》和《史记世家》都没有相关的记载，反而在《史记》卷四三《赵世家》「（肃侯）十五年（前335）起寿陵」的记载中，「起」可能是建造的意思，「陵」也许指王墓，但无法确定，总之，寿陵距离邯郸似乎并不十分遥远。

是以往坚定的方针在战争中逐渐趋于堕落和崩溃。大商人吕不韦成为宰相后，滥用权力；商人出身的将军前往堵截刘邦却遭收买，丑态百出。秦朝灭亡后，战胜楚军统一天下的汉朝，其实是秦朝政策的忠实继承者，只是因为遭到了全国农民的反感，才停止了从全国各地征发农民使其保卫都城或戍守北部边疆的政策，并部分实行封建制，在较远的地方建立王国，使其享有政治上的自治。

注释：

6. 楚灵王在国人中口碑极差，战争时军队抛下他逃散，《史记》卷四〇《楚世家》记载了被孤立的楚灵王向其右尹交代善后策时的绝望问答，右尹曰：「请待于郊，以听国人。」王曰：「众怒不可犯。」曰：「且入大县而乞师于诸侯。」王曰：「皆叛矣。」又曰：「且奔诸侯以听大国之虑。」王曰：「大福不再，祇取辱耳。」一旦被国人，即首都的人民抛弃，即使是专制君主也难以东山再起。此时的一线希望就是大县，楚国的大县是指陈一类的都市。后来，楚国受到来自西方秦国的压迫，首都郢被攻陷后一度逃往陈并将之作为首都，接着又迁到寿春，并将那里改名为郢。

7. 最近有一股风气，「中国古代是奴隶制度的时代」仿佛是不言自明的道理一般，事实上并不是那么明确的。我甚至怀疑，欧洲希腊、罗马大都市中的奴隶制度是否能落实到乡村的每个角落？我认为，将欧洲希腊、罗马时代和中国汉代以前并称为古代市民社会更为妥当。

8. 虽然有些离题，但我还是想指出，受人佣耕的陈胜所住的地方也是城里的穷巷。《史记》卷一一二《主父偃传》曰：「陈涉无千乘之尊，尺土之地……然起穷巷，奋棘矜，偏袒大呼，而天下从风。」

汉朝还效仿秦朝，于高祖九年（前198）将天下贵族——楚地的昭、屈、景、怀氏，齐地的田氏以及燕、赵、韩、魏之后——及豪杰名家十万余口迁到关中，这些人原本都是六国故都的居民（《史记·高祖本纪》、《汉书·娄敬传》）。对于统一国家的汉朝来说，东方六国故都的规模依然凌驾于长安之上，这是无法容忍的，因此采取了将豪族迁至关中的强干弱枝政策。不过，六国贵族并不

注释：

9. 参照拙稿《周汉文化的基础》，初载《墨美》第十一，昭和二十七年四月，后收入《亚洲史研究》第四，昭和三十九年。

10. 《桓子新论》，据《四部备要》覆问经堂本。此条引自《北堂书抄》卷一二九《衣冠部》、《太平御览》卷七七六《车部》。

11. 里人是指居住在里中的居民，而市人则是指在市中游荡的人，这一点十分值得注意。《史记》卷七七《信陵君列传》云：「公子引车入市，侯生下见其客朱亥，俾倪，故久立，与其客语……市人皆观公子执辔……市人皆以（侯）嬴为小人，而以公子为长者能下士也。」文中的「市人」，也是指恰巧在市中的人。如果是指商人，一定会像下文这样明确地说「市井之人」。《文选》卷四〇《杨德祖（修）答临淄侯（曹植）笺》所说「吕氏淮南，字值千金，弟子拑口，市人拱手」中的「市人」也是一样，或指在洛阳市中游玩、站着读书，后来成为学者的王允等人（《后汉书》卷七九《王允传》）。

12. 参照注9。

一定居住在都城长安，因为这时在长安附近已经逐渐形成了新的城市。汉朝的徙民政策此后仍在继续，在长安周围出现了冠以天子陵号的卫星城市（《汉书·地理志》）。

总而言之，战国时期，中国的都市和商业都有了显著的发展，但这样的发展是人为的、不自然的，而且是不平衡的。由于它们主要是中央集权下强权政治的产物，因此大都市也仅限于首都或一两座重要的军事都市，而大多数的地方都市依然是力量薄弱的农业都市。这样的情形一直持续到了汉初，《史记·货殖列传》中列举的都会或通邑大都，其实都是非常特殊的事例。中国的都市，开始与郡、县的等级相应而出现户口多寡的现象，恐怕是进入东汉以后的事了。

原载《东方学会创立十五周年纪念东方学论集》，1962 年 7 月

注释：

13. 当国内阶级分化剧烈，国论难以统一时，能够维持局面的只有少数当权者的专制，而这些当权者往往是利己的、投机的，秦国的搅乱外国政策的魔掌也会向其伸来。《史记》卷八七《李斯传》云：「秦王乃拜斯为长史，听其计，阴遣谋士赍持金玉以游说诸侯。诸侯名士可下以财者，厚遗结之，不肯者，利剑刺之。离其君臣之计，秦王乃使其良将随其后。」秦国此时最关心的是使齐国采取中立的态度。《史记》卷四六《田敬仲世家》曰：「王建立四十余年不受兵。君王后死，后胜相齐，多受秦闲金，多使宾客入秦，秦又多予金，客皆为反间，劝王去从朝秦，不修攻战之备，不助五国攻秦，秦以故得灭五国。五国已亡，秦兵卒入临淄，民莫敢格者。王建遂降，迁于共。故齐人怨王建不蚤与诸侯合从攻秦，听奸臣宾客以亡其国。」在秦的诈术下，国民没有出力的机会，眼睁睁看着国家灭亡。秦国的天下一统很是勉强，加上始皇死后国政被少数当权者误用，以至暴露出致命的缺陷。

14. 《史记》卷五《秦本纪》「孝公十二年」（前 350）条曰：「作为咸阳，筑冀阙，秦徙都之。并诸小乡聚，集为大县，县一令，四十一县。」秦迁都咸阳的同时，在地方上推行县制，因此动员很是便利。换言之，由于向散落的小都市传达命令和征发军队非常不便，所以实际上是将小都市加以合并，营造出一定规模的大都市，作为征兵的单位，可见县制并非纸上谈兵。

中国村制的确立

——古代帝国崩溃的一个侧面

一　古代的都市国家

大约二十多年前我就指出，中国古代的历史应该将之视为都市国家成长、发展和解体的过程，并且不止一次地发表过这个意见。幸还是不幸？谁也没有对我这个观点提出过不同意见并展开争论，这反而使我得以不受他人观点的影响，把纯属我个人的观点进一步系统化。嗣后，我在昭和三十二年六月发行的《大谷史学》第六号上发表了题为《中国聚落形体的变迁——关于邑、国、乡、亭、村的考察》一文，阐明了我关于中国古代都市国家论这一问题的基本观点。这一篇论文的主要结论：都市国家本来是独立的自治团体；中国古代实际上存在过众多的都市国家，后被逐渐兼并，发展成为战国时期的领土国家，此后，这些领土国家也最终瓦解，出现了秦汉古代帝国的大统一；古代都市国家的遗制到汉代还残存着，并因此显现了汉代社会的特征。关于汉代社会的特征，即使在中国的传统史学中，也认为是施行独特的乡制，重视乡亭的职能。然而，汉代的乡亭到底是一种什么样的存在？关于这一点，过去的研究并没有清楚地告诉我们。这是因为关于汉代的乡亭，有三种乍看是相互矛盾的记载，难以作出合理的说明，这就是“十里一亭”、“十里一乡”、“十亭一乡”，三者在数字上无论如何是不可能同时并存的。但这三种记载又都是有根据的，很难轻易地说哪个对哪个错。因此，我曾有意识地关注这一问题，力图解释汉代学者为什么会留下这样看似互相矛盾的记载，汉代社会的真实面貌或许正隐藏在这种矛盾之中。通过考察，我得出了如下的结论：不论是亭还是乡，甚至是乡之上的县，指的都是一个一个的聚落，它们其实都是古代都市国家的遗制。尽管它们已经失去了政治上的独立性，但作为都市国家的外形一直保留到了汉代；它们是周围建有城郭的密集性聚落，农民几乎全都住在城郭之中，除烧炭的和渔夫外，人民很少住在城郭之外；城郭中也按道路划分为几个区域，一个区域就是一里，大致以居住百户为标准。因此，所谓的县、乡、亭，都不外是拥有若干个里的城郭都市，虽然有大小之别，但差别是很有限的。所以，不仅“十里一亭”的说法可以成立，同时，“十里一乡”的说法也可以成立。在行政管理上，基本上以十个亭为单位，将位于中央（或许是最大的）的亭给予乡的称号，管辖其他九个亭，因此，所谓乡，其实也不过是亭的一种，但这种情况下可称为都亭，这正是汉代学者留下“十里一亭”、“十里一乡”、“十亭一乡”这些不同表述的原因。乡与县的关系，也和亭与乡的关系相仿。汉代的地方行政制度，并非后世那样的上下直属形式，而是横向的集聚形式，即各个城郭都市各自为单位，大的管小的，大的上面又有更大的在管着。上述内容是我前一篇论文的梗概，接下来我想对前一篇论文中未能言及的问题作些补充。

汉代以前的里，经常被后人理解成类似自然村落一样的存在，但按我的看法，它只是城郭中的一个区域，像唐代城市中的坊那样，四周有墙垣环绕，居住在里中的百姓只能从设定的里门出入。这里所说的里门就是“闾”，一个里可能只有一个闾。《淮南子·修务训》高诱注云：“闾，里也。”《说苑》卷一二《奉使篇》引晏子云：“齐之临淄三百闾，张袂成帷，挥汗成雨。”与晏子这段话有密切关系的史料还有《战国策·齐宣王》条云：“临淄之中七万户。”据此，则每一闾的平均户数是二百三十户。一个里的户数理想中通常是一百户，因此，如果一里就是一闾的话，那么这个里的户数就显得太多了，相当于通常的两倍以上。如果一个里有两个或三个闾，那么，算出来的里的数量就更少了，而一个里的户数则变得更多，这与一里百户这个常识之间差距就越来越大。对居民来说，一个里只设一个闾也许不便，但从警备意义上来说则非常有利。闾设有被称作“监门”的人，日常性地管理闾门的出入。秦代的张耳和陈余，亡命之后改名换姓，做了魏的监门，也就是管理监督闾门的人。若有显贵人物来里中访问某人,监门就得给他做传达。《说苑》卷九《正谏篇》叙述齐景公寻访晏子家的时候说:"前驱报闾,曰君至。"为了表达对里中长者的尊敬,经过他们居住的闾门时,君主往往要在车上行"式"礼,[①]以示最大的敬意。周武王"式"商容之闾,魏文侯"式"段干木之闾,便是著名的例子。

也有的里是宗族聚居的。晋文公伐曹国时,下令禁止军队进入釐负羁宗族所居之闾(《史记》卷三五《曹叔世家》)。还有,《离骚》序称:"三闾之职,掌王族三姓,曰昭、屈、景。"三闾大夫屈原管理的三个闾(等于三个里)中,则聚居着包括屈氏自身在内的三支楚国王族。这样看来,里内是有阶级性的。不过,有身份的人家,在自家背后的近侧也开有闾门。《烈女传》卷一《鲁之母师》载有这样一个故事,鲁国的大夫站在台上眺望,看见一个民妇在闾门口站了一整天。

在叙述秦朝暴政时,《汉书·食货志》和《陈胜传》都使用了"发闾左之戍"这句话。而在《汉书·晁错传》里也有"入闾取其左"的说法。"二战"前的海军里有"半舷上陆"这样的话,和它的意思很相似。当时的人民几乎全都居住里中,所以它的意思是征发一半数量的壮丁。依据这个说法也可以推断一个里只有一个闾,如果一个里有好几个闾的话,那么因闾不同,闾左的范围就会发生变化,这样必然会引起很大的问题。在古代,个人的家门和

① "式"通"轼",车舆前或两侧的铼曲之木,高三尺三寸,及人之半腰,可以凭依。双手凭式,表示极大的尊重。《礼记·曲礼上》:"君子式黄发。"郑玄注:"式黄发,敬老也。"

公共的闾门是有严格区别的。例如西汉时期于定国的父亲于公叫人建造很高的门，这里的门指的是闾门，而不是私人的家门。《汉书》卷七一《于定国传》云："始定国父于公，其闾门坏，父老方共治之，于公谓曰，少高大闾门，令容驷马高盖车。我治狱多阴德，未尝有所冤，子孙必有兴者。"对于正在翻修闾门的父老，于公充满自信地让他们加高闾门，这一点很有意思。然而，唐代李瀚《蒙求》立有"于公高门"的标题，叫人看了会误解为私家之门。《战国策·齐闵王》条也说："其母曰，女朝出而晚来，则吾倚门而望；女暮出而不还，则吾倚闾而望。"门和闾作为等候外出未归人的地方，被使用得很形象。

从里的入口闾到各家的家门之间，还有一种被称作"阎"的门。《说文》云："阎，里中门也。"闾、阎两字连在一起使用，则指平民、下层社会居民的居处。闾面对的大道是街，街的交叉点是衢。通过闾门进入里中的道路是巷，颜回居住的那条寒碜的巷被称为陋巷。

里的四周建有土墙，叫作垣，里中各家的四周也建有土墙，这就叫作墙。所谓"兄弟阋于墙"或者"逾墙而搂邻家之处子"中的墙，指的就是各家各户的墙。不过，由于垣和墙与里的外壁往往共用，所以这几个字又常常通用。

古代的里制具有很强的自治意义，里中的父老居于指导者的地位，即使到了汉代，这种意义都没有完全消失。但是，统一的汉帝国为了牢牢地控制它的人民，里制，以及位于其上的乡亭制必定是很有效的。人民密集地居住在一起，居处四周环绕着好几重垣墙，这样一来，人民就没有什么地方可以隐蔽了，兵役的征发，征收这种人头税才有可能。然而，正是在汉代，这种乡亭制和里制却开始走向了崩坏，最终，与乡亭制和里制完全不同的村制兴而代之，这是中国历史上的一大变化。关于村制的确立，我前一篇论文中已经作了一些考察，本文则想对这一问题进行更加深入的说明，因为我相信，通过对乡亭制、里制演变为村制这一过程的探讨，能够为准确认识中国历史提供重要的线索。

二　乡亭的崩溃与屯田

三国以后，北方民族活跃，尤其是他们大量向内地迁徙，成为中国历史发展上的一个显著特点，这不禁让我们联想起日耳曼民族入侵罗马帝国的历史。异民族的入侵，自然应该站在异民族本身的立场来进行考察，但同时也不能忘记被入侵一方的立场。大凡问题都是相对的，虽说是异民族的入侵，但促使异民族大举入侵的原因还是古代帝国一方。就汉代而言，原因即在于乡亭制的衰落及最终崩溃。

汉代政治的优点，在于重视乡官或乡亭之职，这是中国传统的解释，著名学者顾炎武《日知录》卷八《乡亭之职》一节，是历史研究者必读的内容。根据顾炎武的说法,直到汉代初期,乡的代表者三老依然具有非常高的社会地位,直接向天子进言也不算稀罕。这样的现象,站在后世的立场上看是不可想象的。但是,如果站在我的立场上,即便是天子,原来也不过是某个都市国家的代表,天子和乡三老之间并没有什么性质上的不同。不如反过来说,用后世的眼光来读古代的历史而感到惊讶,这才是令人惊讶的事。历史发展到汉代,乡亭之职所以依然受到重视,原因不外乎乡亭本身还很健全,仍然能够发挥它的作用。三国以后,乡亭之职的社会地位逐渐降低,这同时也反映了乡亭制本身的衰落。

然而,如果要追问汉代的乡亭是因何而衰落的,那么结论只有一个,那就是汉帝国中央集权不断发展的结果。不用说,权力集中的地方就有钱,有钱的地方必定人员辐辏。司马迁在《史记·货殖列传》中叙述汉代都城关中地区的繁荣时说:“关中之地,于天下三分之一,而人众不过什三,然量其富,什居其六。”这显然是一种夸张的说法,但是,庞大的权力一旦确立,生活的舞台越靠近权力就越能获得更多的利益。于是人民尽可能向中央政权的所在地迁移,越靠近中央,获得利权的机会就越多。相反,如果长期被遗忘在地方上,吃的亏就也就愈来愈大。《后汉书》卷九五说了一个有名的故事,有一个叫张奂的人,因经略塞外立下大功,申请将户籍从原籍敦煌酒泉迁往内地的弘农郡,并最终得到了政府的许可。这样的事例大概还有不少。虽说边郡的居民未经政府许可不得随意迁往内地，但这样的禁令或许只是具文而已。

与此类似的现象在基层社会中也经常发生。有这样一个故事，游侠郭解唆使县尉手下的一个办事人员，为自己的朋友获得了永远免去“践更”的权利。这也从一个方面反映了中央权力是如何沉重地笼罩在基层社会民众头上的。在天下分裂的时代，人民即使被征发兵役，也不会被带到非常遥远的边地去，但是，国家统一以后，人民就会面临这样一种情况，即在幅员辽阔的帝国疆域内，你有可能从这个角落被征发到另一个角落去服役。《续汉书·郡国志》“汉阳郡”条下引了郭仲产的《秦州记》，其中有一首陇山歌。据《秦州记》，陇山有个山岭名陇坂，东西一百八十里，登上山岭眺望东方的秦川，四五百里极目无际，山东人往边地服役，行到此处回望东方，莫不悲怆涕零，唱道：“陇头流水，分离四下。念我行役，飘然旷野。登高远望，涕零双堕。”这可以称得上是两千年前的《鸭绿江谣曲》。[①] 然而，是否“践更”，就靠驻扎在县城的县尉手下一句话，可见处于权力者之下的权力机构确实在不断扩大。我在论述汉代的乡制时，曾经说过汉代县的规模很小，但到了晋代，县的规模就扩大了，这个变化绝不是突然发生的。县的权力机构越来越强大，可以越过乡亭组织直接统治人民，乡亭的人民为了靠近权力，就要迁往县城居住。结果，天下之人从乡

---

① 原名《鸭绿江节》，日本大正时期流行一时的谣曲，由前往鸭绿江伐木放筏的打工者首先唱出。

亭迁往县城,从县城迁往郡城,从郡城迁往都城,一步一步移动了起来。原本归乡亭管辖的农田逐渐荒废不治,同时,寄食于权力之下的人民则脱离生产,成为游手好闲之人。

晋武帝时,皇弟齐王攸上奏说:“今地有余羡,而不农者众……都邑之内,游食滋多。”(《晋书》卷三八)所谓“地有余羡”,就是说原来乡亭周围的很多农田都荒废不治了。后来,惠帝时任司空张华贼曹属的束皙建议说:“今天下千城,人多游食……又州司(司州?)十郡,土狭人繁,三魏尤甚。”(《晋书》卷五一)所谓“千城”的城,指的是县,乡亭已经不在其话语中了。三魏指的是魏郡及由原魏郡东西都尉分置出来的广平、阳平二郡,曹魏旧都——邺也在其范围内,这里原本是曹操统一天下的根据地,所以人口众多,到了晋代也没有太大的改变。

归根到底,乡亭的衰败,是古代帝国权力集中的必然结果,是不可避免的现象。这样的变动一经发生,就会不停地发展下去。因为居住在乡亭就意味着利益的丢失,乡亭的居民迁往权力中心以后,留在乡亭的人们就必须承担起更重的负担。这样的权力集中,不一定是中央政府所希望的那样往前发展,残留在地方上的权力一旦聚集起来,就会成为与中央对立抗衡的据点,从而导致了三国以后的分裂割据形势。

汉代以后政府屡屡推行的屯田政策,也应该从这一观点去重新认识。时代较早的著名的屯田,是西汉宣帝时赵充国在羌中的屯田,这时的屯田尚以乡亭制的存在为前提的,具有防止乡亭崩溃、加强并振兴农业生产和辅助国防的意义。《汉书》卷六九《赵充国传》载赵充国上书云：

> 羌虏故田及公田，民所为垦，可二千顷以上，其间邮亭多坏败者。臣前部士入山，伐木材大小六万余枚，皆在水次。愿罢骑兵，留弛刑应募，及淮阳、汝南步兵与吏士私从者，合凡万二百八十一人，用谷月二万七千三百六十三斛，盐三百八斛，分屯要害处，冰解漕下，缮乡亭，浚沟渠，治隍陿以西道桥七十所，令可至鲜水左右。田事出，赋人二十亩。

说的是趁冬季让兵士万人分屯要害之处，入山伐取木材，冰雪融化后，趁春水把木材流送下来，修缮乡亭（里面的住房），疏浚沟渠，治理桥梁，到了耕作季节，分给一万名军人每人二十亩田，使其从事农耕。赵充国上书的下文中还说，屯田兵从事农耕期间，可以征发郡的骑兵和属国骑兵，使之一边放马，一边保护耕作者。其中“缮乡亭”这句话非常值得注意，推测当时的屯田兵和人民一样，在耕垦季节居住在乡亭之中，每天出乡亭到田地上去劳作。这种状况，如果与尚无屯田之名的文帝时期晁错的上书对照起来看，就更加容易理解了。《汉书》卷四九《晁错传》云：

> 然令远方之卒守塞，一岁而更，不知胡人之能，不如选常

> 居者，家室田作，且以备之。以便为之高城深堑……先为室屋，具田器，乃募罪人及免徒复作令居之……如是，则邑里相救助，赴胡不避死。

这就是所谓的“移民实边政策”。这个政策要求移民们一方面在高城深堑中经营邑居生活，另一方面从事耕作，有事时就应征出战。赵充国的屯田政策，实际上就是晁错移民实边政策的一种变形，让军士作为临时的移民加强乡亭建设，当军事活动告一段落后就撤回内地。

可是到了东汉末期，屯田的性质就完全变了。或许是因为乡亭制已经基本崩溃，屯田成了乡亭之外并与乡亭对立的存在。《后汉书》卷五八《傅燮传》[1]载灵帝时傅燮在汉阳（西汉的天水）太守任上的事说：“乃广开屯田，列置四十余营。”这里的营是和乡亭分离的另外建造的营垒，或许就是屯兵生活的据点。不久，曹操就开始了许下的屯田，在许下屯田的影响下，邓艾又在淮上屯田，邓艾淮上屯田的情况，据《晋书·食货志》称：“遂北临淮水，自钟离而南横石以西，尽沘水四百余里，五里置一营，营六十人，且佃且守。”以营为据点，且佃且守。每五里置一营，安排壮丁六十人，这种小规模的聚落，西汉时期是没有的，这其实就是后世所谓的“村”的聚落形态。可以说，“村”即起源于屯田，“村”这个字本

① 原著因使用三十卷《志》在前的《后汉书》版本，故《傅燮传》作卷八八，今改为通行本卷帙，下文《虞诩传》同。

来就写作“邨”,不用说,是在“屯”字的旁边加上一个表示聚落的“邑”字。

中国古代的人民以邑居为原则,违反了这个原则,就可以说是“反社会性的存在”,盗贼集团就是这样。《后汉书》卷五八《虞诩传》云:“朝歌贼宁季等数千人攻杀长吏,屯聚连年,州郡不能禁,乃以诩为朝歌长……潜遣贫人能缝者,佣作贼衣,以采綖缝其裾为帜,有出市里者,吏辄禽之。贼由是骇散。”以季宁为首的盗贼,在朝歌城外构筑居室,这种居室叫作屯聚。“出市里”就是“出现于市里”的意思,就是说进入了城里。“屯聚”这个词,《赵充国传》中就已经出现,但那是就羌族而言的,不过,就居于城外这一点来说,两者是一样的。这样看来,新式的屯田政策,作为政府的方针,创造出了一种与以前的邑居生活完全不同的新的生活方式,我们可以称之为“村居生活方式”,它对人民的生活方式而言是一场革命性的变化。不过,村居生活的发展,又与当时异民族的入侵有着密切的关系。

三　华北异民族部落的发展

秦始皇筑万里长城,是为了隔绝华夷。不过,当时长城以南的中国内地,人口密度远不像今天这样稠密,加上人民集中居住在密集城郭都市——县、乡、亭内,距此稍远的郊外可以说是无人之地，自然留下许多空地。因此，周边异民族早就盯上了这些空地，入侵的现象也是必然之事。《汉书》卷六九《赵充国传》云："是时，光禄大夫义渠安国使行诸羌，先零豪言愿时度湟水北，逐民所不田处畜牧。安国以闻。充国劾安国奉使不敬。是后，羌人旁缘前言，抵冒渡湟水，郡县不能禁。"这是西汉宣帝时的事，而且是在没有建筑长城的西方国境上。同样的现象在北方也有可能发生。最初越过北方长城大量迁居中国内地的，众所周知是南匈奴部落。《晋书》卷九七《北狄传》记载了东汉将匈奴五千余落迁至内地的事，称："于是匈奴五千余落入居朔方诸郡，与汉人杂处……其部落随所居郡县，使宰牧之，与编户大同，而不输贡赋。"这里所说的"与汉人杂处"，绝不是现在我们想象的那种杂处，这从江统著名的《徙戎论》中可以看出一些端倪。《徙戎论》述及羌人时说："建武中，以马援领陇西太守，讨叛羌，徙其余种于关中，居冯翊、河东空地，而与华人杂处。"既然汉人居住在城郭中，内徙的异民族又继续过着他们的部落生活，所以他们不可能进入城郭，只能被安置在旷野之中。因此，所谓"杂处"，并不是一个个的部落民众与一个个的汉人杂处，而是内徙的部落与汉人的城郭交错分布而已。异民族部落虽说接受徙居地郡县长官的统治，但如《晋书·北狄传》所言，"不输贡赋"，即不负担课税，因此所谓统治也只是有名无实。不仅如此，他们的社会组织还与中国的郡县不同，自成体系，继续维持着他们独有的部族组织。《晋书·北狄传》还说："北狄以部落为类，其入居塞者有屠各种、鲜支种……凡十九种,皆有部落,不相杂错。”不仅从一开始就不与汉人混合,即使同是北狄,如果种族不同,也不相混合。在这些异民族部落之中,匈奴部落由南匈奴单于的子孙们相继统率。汉末曹操时代,担心南匈奴的势力过于强盛,于是将之分为五部,各设部帅,后来改称都尉,并委派汉人担任都尉司马,虽是辅佐之名,实际上是对他们进行监控。大约从这一时期开始,五部匈奴就处于这样的组织形式下,一旦有事,朝廷则可向其征发兵役。

迁徙到中国内地的异民族,据说人口的增加非常迅速。这也不无道理。游牧民族仅凭自己的畜产品即可自足,但若以畜产品与农耕民族的谷物进行交换,那么就能获得足够的粮食,养活数倍的人口。迁徙到中国内地的异民族,虽然仍以畜牧为业,但由于与汉人杂处,所以与附近汉人的交易变得更加快捷,人口的增长也显而易见。迁徙入塞的南匈奴,最初不过五千余落,但到了曹魏末年,就像《晋书·北狄传》所说的那样:“其左部都尉所统可万余落,居于太原故兹氏县;右部都尉可六千余落,居祁县;南部都尉可三千余落,居蒲子县;北部都尉可四千余落,居新兴县;中部都尉可六千余落,居太陵县。”五部合起来已发展到两万九千余落。后来的入塞者更是络绎不绝,关中的情况也一样,江统《徙戎论》称“关中之人,百余万口,率其少多,戎狄居半”,以临近陇西郡的金城郡为例。金城郡为西汉昭帝时所置,据《续汉志·郡国志》所载永和五年(140)的统计,该郡共“十城，户三千八百五十八，口万八千九百四十七”。而《三国志》卷一六《苏则传》注引《魏名臣奏议》说，金城郡遭韩遂之乱，户不满五百，苏则[①]任金城太守后招集离散，户口增到了一千多，又先后招怀杂羌三千余落归郡。从中也不难窥知，在地方基层社会中汉人势力和异民族势力是如何更替的。自身已经日趋衰落的中国郡县制，就是这样被异民族的部落包围，从而失去了存在的根基。

入塞的异民族，其居住地起初被指定在汉人所住城郭之外的旷野上，在那里经营着自己的部落生活，因此与汉人之间似乎没有出现因土地所有权而引起的纷争。然而，在内地住久了，就必然地会与汉人发生经济关系，其结果就产生了友善和相克这两种相反的趋势，这可以从《晋书》卷一〇四《石勒载记》所载石勒的经历中看得出来。据《石勒载记》，石勒是上党郡武乡县的羯人，这里的武乡县当然指的是武乡县境内的羯人部落。“年十四，随邑人行贩洛阳”。这里所说的“邑人”，指的是居住在武乡县的汉人，当时是不会把异民族的部落成员叫作邑人的。也就是说，石勒和武乡县的汉人（也许是商人）有着密切的经济关系，由汉人带着他前往都城洛阳去行商。太安年间（302—304），并州发生了饥荒，战乱不断，石勒便与诸小胡一起逃离了。一旦发生灾害，原本隐藏着的民族矛盾马上就归于表面化，

① 原著误苏则为张既。

并日趋激烈。《石勒载记》接着说:“会建威将军阎粹说并州刺史、东嬴公腾执诸胡于山东卖充军实,腾使将军郭阳、张隆虏群胡将诣冀州,两胡一枷。勒时年二十余,亦在其中。”司马腾及其部下捕捉无罪之人卖为奴隶,以充军资。被捉的对象,首先不是汉人而是异民族的胡人。起初,具有组织能力的汉人占有绝对的优势,但不久以后汉人彼此之间发生激烈的争斗,酿成了“八王之乱”,相互残杀;在这样的形势下,南匈奴单于实现了独立的愿望,形势亦为之逆转,出现了汉人饱受胡人虐待的情形,这就是所谓的“永嘉之乱”。

异民族夺得政权,占据了城郭都市,都市再也不是汉人的安居之地了。他们被迫离开城郭,过上了漂泊不定的散居生活,呈现出了与汉代的人口集中完全相反的趋势,即人口分散。战乱之际,越是靠近中央就越受其害,地方上的受害程度或许可以稍轻些,如果逃入深山僻壤,那就永远不会受到中央战事的波及。这也是我们在这次战争①中所体验到的。人民开始从都城往郡城,然后从郡城往县城,一级一级疏散开来。然而,县以下已经没有了昔日那样的乡亭,于是他们不得不过起了异民族所过的那种部落生活。直到这时,汉人才与生活在旷野上的异民族开始真正意义上的“杂居”,这就是“村”的生活。这种生活可以是豪族的聚族而居,也可以是豪族支配下的庄园。

① 指第二次世界大战。

四 江南的村落与庄园

汉人往南方迁徙并非始于西晋的永嘉之乱，即使在汉代全盛的和平时期，汉人也是源源不断地向南方迁徙。但每逢中原发生战乱，为逃避战祸而向南迁徙流动的规模就更大了。东汉末年的战乱促使了人口的大量南迁，而规模最大的还是永嘉之乱。过去的战乱不过是汉人彼此之间的内乱，但永嘉之乱是民族之间的冲突，所以表现得更加残酷。中原汉人为求安身之地，陆续向东晋政权下的江南移动。

但江南和华北不同，城郭都市生活自古以来就似乎不甚发达。这与当地土地卑湿的自然条件有关。这里的先民忙于开辟丛林，营造屋宇，居住在类似于后世苗族山寨那样的村落里。然而，随着土地的逐渐干燥，广阔的耕地逐渐形成，城郭都市的生活方式也从北方传到了这里并渐次普及，正当此时，北人南下这一民族大迁徙的波涛扑面而来。

东晋时期从北方流徙到江南的汉人，和我们的想象有些不同，似乎进入城市居住的并不多，多半独自在乡野营造聚落居住，这种聚落就叫作“村”。迫使他们采取村居形式的理由之一，是由于从北方南下的流寓之人，与原来的土著民居之间产生的摩擦，若不是非常有权势的人，就很难挤进城市居住。其次是由于流民南下的目的是为了寻求和平安宁的新天地,如果在南方安居后又被江南政权驱使服兵役,那就完全违背了南下的意图。他们尽可能远离政权,陶渊明梦中的桃源村是他们居住的理想之地。所以桃花源充其量也不过是个"村",不是后世所说的那种桃源"乡"。《南齐书》卷一四《州郡志》"南兖州"条叙述了东晋南渡时的情况:"时百姓遭难,流移此境,流民多庇大姓以为客……凡诸流寓,本无定憩,十家五落,各自星处。"要是十家五落,那么一个聚落就只有两家,像星星一样散居各处。如前所述,一开始把这种散居在城外的聚落叫作"屯",不久加上了表示聚落的部首"邑",成了"邨",再后来到了南朝末年,就常常用同音字"村"来替代了。

对习惯了管理古代城郭内那样的密集人口的县政府来说,治理散居于郊外村落中的人民是非常困难的。于是在强化县级机构的同时,认可村落的自然形态,在这里设置一些有一定自治职能的代表,协同县政府对地方进行管理。到南朝梁武帝时,这样的村制已经基本确立。《梁书》卷二《武帝本纪中》天监十七年(518)诏书中言及流民的管理政策:"若流移之后,本乡无复居宅者,村司三老及余亲属,即为诣县,占请村内官地官宅,令相容受,使恋本者还有所托。"诏书中所说的"村司",大约就像唐代的村正。三老是乡三老,但这个时代的乡已经不再是带有城郭的乡城,可能只是一个区域概念的乡。这里的乡如何推举乡三老,我们不得而知。总之,这个诏书的宗旨是把流民作为村的问题,村司和乡三老与县政府相互协力,设法将流民的问题在村内解决。

城外的村落，多半是豪族的庄园。从北方南下的流民集团，在集团内部权势者的率领下卜地而居，就此形成了庄园。《陈书》卷一三《荀朗传》云："梁承圣二年，率部曲万余家，济江入宣城郡界，立顿。""顿"和"屯"一样，就是庄园村落，也有称作"屯封"的。这种情况下的"屯"字，对于已普遍使用的"村"字来说，语义上稍稍有些不同。《梁书》卷三八《贺琛传》云："百姓不能堪命，各事流移，或依于大姓，或聚于屯封。"这里所说的"大姓"和"屯封"，指的都是豪族的庄园。庄园之所以又称为别庄、别业，就是因为它们位于远离城邑的村落之中，与城内的住宅及近郊的产业有所不同。

汉代以后的初期庄园，以自给自足为原则，因此在庄园位置上尽可能选择地形复杂多变的地方，有山有谷，有湖水有川流，有原野有高地。《荀朗传》中说的宣城郡，在都城建康之南不远处，周围的自然环境具备了作为庄园的地理条件。《梁书》卷五二《顾宪之传》记南齐竟陵王萧子良的庄园时说："时司徒竟陵王于宣城、临成、定陵三县界立屯，封山泽数百里，禁民樵采。"这个庄园广至数百里。除贵族显宦的庄园外，官衙也有庄园，以其产出供官衙之费用。《宋书》卷四七《刘敬瑄传》云："宣城多山县，郡旧立屯以供府郡费用。"通过庄园的经营来供给军府和郡的开支。

当时的庄园可谓是多种经营，不单生产谷物，果树栽培、畜牧、狩猎、捕捞、商业，无所不有，有时甚至还从事矿冶。庄园周围，一定会伴随着许多民众的聚落，从这一点上来说，一般将之称为“屯”，但从庄园的功能方面来说，也有称之为传、邸、冶[①]的。《梁书》卷三八《贺琛传》在述及政府经营的庄园不一定都有利时说：“冶、署、邸、肆，何者宜除……四方屯、传，何者无益？”这种庄园有公家的，也有私人的，尤其是寺院，本身就是一种庄园。《梁书》卷三《武帝本纪下》大同七年（541）十二月诏书中说：“公私传、屯、邸、冶，爰至僧尼……乃至广加封固，越界分断水陆采捕及以樵苏……若是公家创内，止不得辄自立屯，与公竞作，以收私利。”要求公家的庄园应优先于私人庄园。这道诏书中，前文称“传、屯、邸、冶”，后文只称“屯”，可见传、邸、冶是各有其特殊职能的庄园，屯则是它们的总称。其中，邸可以与阁、肆等连称为邸阁，邸肆，指的是仓库，积蓄的物品多了，也可以展开交易。冶当然是指矿山冶金，但也可以生产金属制品，若有买主，则可以出售。其次是传，“传，客舍也”（《后汉书》卷六四《史弼传》注），是旅客住宿的地方，由此亦可想见旅客恐怕多半是商队。

我们在读中国史书的时候可以发现，汉代的当政者对商人势力的兴盛感到了威胁，屡次提倡抑商，而且在政策上确实也有所表现，但其效果如何，自然是值得怀疑的。然而到了三国六朝时期，抑商的话题已经几乎没人提及。到了宋代，商人的专横再次成为问题。西汉武帝施行的均输平准法，通常被看作是抑商政策

① 原著作“冶”，作者将之解释为从事矿山冶金的场所。《梁书》卷三《武帝本纪下》大同七年十二月诏中亦作“冶”，但《梁书》卷三八《贺琛传》贺琛上书及梁武帝的批驳中均作“冶”。

的表现，而宋代王安石新法中的均输法和市易法，就不是单纯的抑商政策那么简单了，但总的来说，他们的目的都是想把商人势力牢牢地置于政府的掌控之中。

三国以后到唐代以前这段时间，商业的问题没有引起当政者的关注，也确实是因为商业本身的不景气。商业的不景气通过货币经济的衰退表现出来，从汉代的五铢钱到唐代铸造开元通宝钱为止，这一期间没有大规模地铸造过铜钱，因此现今也很难看到当时比较有名的铜钱。即使在开元通宝铸造流通以后，唐律规定的价格标准仍不按铜钱计算，而以绢若干匹来表示。但是，商业问题之所以没有政治化，其原因不仅仅如此。如上所述，当时庄园多种经营的特征非常明显，不仅生产领域呈现出了多样性，而且在生产的同时还进行广泛的交易。也就是说，这个时期类似于汉代或宋以后那样的纯粹的商人很少，商业已经被纳入到了庄园之中，成为庄园经营的一个重要组成部分。东汉王褒的《僮约》，对我们理解庄园经营的多样性很有帮助。《僮约》[①]上说：

> 舍后有树，当裁作舟，上到湔主，下至江州……绵亭买席，往来都洛，当为妇女求脂泽。贩于小市，归都担枲。转出旁蹉，牵犬贩鹅，武阳买茶，杨氏池中担荷，往来市聚。

① 《僮约》佚文散见于《艺文类聚》、《初学记》、《太平御览》、《古文苑》等多种类书，字句异文颇多，译文遵从原著所引。清人严可均曾参照诸本集成定本；今有宇都宫清吉对《四部丛刊》所收宋刊本所做的校勘本，可资参考，见其《僮约研究》，载其《汉代社会经济史研究》，东京：弘文堂，1955 年。

上引这一段说的是僮仆必须听庄园主之命，到相当远的地方去从事商业。这样一来，在庄园的资产中，车辆就成了不可缺少的财产。斯坦因敦煌文书2432号，是三阶教典《示所犯者瑜伽法镜经》残卷（见矢吹庆辉《三阶教的研究》附245），其中提到寺院的外财时举出了“奴婢畜生，车乘庄田，及诸珍宝金银等物”。当时的寺院本身就可以将之视为庄园，关于这一点，前文已经提及。

总之，当时的庄园虽然有屯、传、邸、冶等不同的名称，但并没有后世那样的专业分工，而是多种经营，追求各方面的利益。在生产领域，也有别于宋代以后的资本家那样只投资单产农业，而是致力于多样化经营，利用自家的车辆将剩余物资运往市场贩卖，然后再从市场上换回自己需要的物资。因此，国内物资的流通事实上规模非常大，而留宿商贾的客栈业务也由庄园承担了起来。这是中世纪庄园的一大特色。

再者，当时经营庄园的不单是豪族或者贵族，像郡那样的官署也参与其中。天子和皇族也不例外，事实上屯田就是天子的庄园。政府做的事情私人也在做，贵族做的事情天子也在做，所以，天子不过是贵族的一种，官署也常常被视为长官个人，这就是当时实实在在存在的现象。这与封建制度几乎无异。欧洲中世纪的皇帝实际上就是诸侯之一，日本江户时代大名的城堡，既是政府所在地，同时又是大名个人的府邸。

不管是公家庄园还是私家庄园，庄园周围必然分布着为庄园提供劳动力的聚落。传也好，邸也好，冶也好，一方面也就是屯，就是邸，就是村。人民之中包含很多流民，这见诸各种记载，而流民原本就是政府的公民。因此，若是庄园主把流民视为自己的私有物，与国家争夺利益，流民们就成了所谓私附之民或荫附之民，地方官也就会努力地把这些投入私门的流民揭发出来（出民），恢复他们的公民身份。事实上，一直到魏晋时期，地方官的这种努力还是卓有成效的，但由于贵族的势力越来越强大，地方官也难挡大势，政府也不得不承认既成事实。于是，在奴隶之外，出现了介于奴隶和良民之间的贱民阶层。贱民的名称和身份之所以有种种不同，是因为他们沦为贱民的情况有种种不同。关于所谓的“上等贱民”，滨口重国博士已经做了出色的研究，这里无需重复。不过想附带说一下的是，贱民在进入唐朝以后，全部被“部曲客女”这个名称所涵盖，开始有了明确的法律地位。

五　唐令中村制的由来

中国古代的社会状态，不同于我们站在后世的立场上想象的那样，毋宁说与古代欧洲所通行都市国家有着相似之处。几乎所有的人都被封闭在城郭中的里内，也可以说正是有了里，人们才能安居于城中。秦汉帝国对人民的统治，就是通过这个里来加以控制的。然而汉朝灭亡，进入魏晋南北朝以后，人民被分成了城居和村居两类，这使人联想到了欧洲中世纪的状况。进入唐代，社会状况与汉代相比已完全不同。作为地方行政中心的县城，城郭的规模也在不断扩大，县府衙署的机构也在扩大，县城郊外已经看不到古代的那种乡亭城郭，而是一片散居的村落，星星点点，散布在旷野之上。那么，唐王朝又是如何来统治这样的村落呢？

唐朝的根本法典——令，第一次颁布是在高祖武德七年(624)。当时天下甫定，因此，唐令中规定的各项制度很多沿袭魏晋南北朝以来的旧典。武德令中的《户令》，把县以下的聚落区划规定为"百户为里，五里为乡，四家为邻，五家为保。在邑居者为坊，在田野者为村"。在这个规定中，关于"四家为邻"的意思，从来都有不同的解释。我的理解是，某一家和与之东西南北相接的各家之间，相互结成"邻"的关系，彼此间承担连带责任。我曾把这个看法撰成简单的文字，作为补白发表在《东洋史研究》第十一卷第一号上。最近，鹿儿岛大学的增村宏教授在《鹿大史学》第六号上发表了《唐的邻保制》一文，试着对这一问题展开更加详细的考证。要言之，五家为保者，是人为地将五家组成一保，使其承担连带责任，设保长一人为其代表。而"邻"则不是这种组织，"邻"只是相对的邻里关系，是因各家各户的位置而自然接近并承担连带责任的一种制度。

再者，由于一保有五家，而一里百家，一乡五百家，显然都是由保的倍数集聚而成的，因此，里和乡同样也是人为区分的。如果把《元和郡县志》所载的乡数和户数进行比较，可以发现每一乡的户数大致为五百户。由此可以推测，乡、里、保的划分，至少有过一次是按照律令的规定实施过的。但这种区划一经确立便会趋于固化,一旦固化,原来的聚落区划便会很容易地转变成地域区划。

唐代的乡、里是一种人为的区划,与之相比,唐代的坊、村则可以说是一种自然区划。为什么这么说,因为县城级别以上的城郭中才有坊,坊是由道路隔开并有坊墙环绕起来的区域,与汉代的里几乎相同;而村则是三五十家的自然聚落。因此可以说唐令中的规定,存在着人为区划和自然区划并行的现象。为易于理解,兹作表如下:

自然区划	(1) 邑　　居	………坊——邻
	(2) 田　　野	………村——邻
人为区划	(3) 邑居田野	………乡——里——保

通过追寻这种聚落区划的源流和沿革,我相信我们可以更加确切地把握唐朝在历史发展上的地位。

(1) 坊——邻。这是中国古代普遍推行的里制的延续,几乎没有变化。在汉代的里制中,同样存在着“邻”的关系。邻亦称作“比”或“比邻”。汉代的里有点类似今天的城区,所以,比邻指的是紧挨着的两家。《汉书 · 尹翁归传》云:“盗贼发其比伍中。”又,《食货志》在述及王莽时期的连坐制时云:“比伍知而不举告,与同罪。”比是比邻,伍指的是保伍,可见两者的重复从这个时代开始已经存在了。在酷吏专横和王莽统治时期,连坐制得到了加强,因此留下了上述记载,但连坐制或许在汉朝甚至以前就已实施。

这样看来，坊——邻之制才是中国古代最根本的制度。与之相比，同样是基于自然区划的(2)村——邻制度，却是到了汉代以后才发展起来的。我很早以前就主张，中国古代，人民居住在城郭之中的里内，城外郊野上没有后世那样的村落，在这里我想再次加以强调。《汉书·食货志上》在述及井田制时说："井方一里，是为九夫。八家共之，各受私田百亩，公田十亩，是为八百八十亩，余二十亩以为庐舍。"八家分割井田九百亩，剩余的二十亩用来作庐舍之地。颜师古注云："庐，田中屋也。春夏居之，秋冬则去。"庐，原来是指临时搭建的小屋，并非长期固定的住所，但到了颜师古的注中，竟将之解释成了农民春秋两季居处的房屋。然而，班固《汉书》的原文绝非此意。《食货志》下文接着说："春将出民，里胥平旦坐于右塾，邻长坐于左塾，毕出然后归，夕亦如之。"说的是住在城郭里中的农民，春夏两季到城外去劳作时，每天早晚由里胥和邻长坐在闾门左右的塾上检点人员。那么，所谓的"庐舍"，只能是一个搁东西的小屋，顶多不过是个吃午饭的地方，绝非颜师古所说的那种住人的房屋。《汉书·食货志上》又说："在野曰庐，在邑曰里。"颜师古注曰："庐各在其田中，而里聚居也。"班固认识到的上古制度中的聚落形态与汉代相差无几，几乎所有的农民都住在城邑之中。事实上也应该如此。但到了唐代，即使像颜师古这样的学者，也很难准确地理解汉代人民的生活状态了。

其次，唐令中与自然区划重复并行的(3)乡——里——保之制，虽然其名称与汉代的乡里制非常相似，但实际上是完全不同的存在。以往的研究之所以不得要领，关键就在于被这个相同的名称所束缚了，没有对汉代以前的乡里和唐代的乡里加以区别对待。如前所述，所谓五百家的乡和百家的里，原本都是五家之保的倍数，那么，保又是怎么产生的呢?

保又称作保伍，和它的倍数什连在一起，即可称为什伍。可是，古代的人民是在里巷中栉比而居的，那么，把五家或十家组成一组就显得非常不自然了。再者，所谓的什伍、保伍，在字形上全是单人旁，这也证明了它原本是个人与个人之间的关联，与邻这样的邑制并非同指。那么，什么样的情况下才把一个一个的人组织起来呢？那自然就是军队了。《周礼 · 小司徒》条贾公彦疏云："在家为比，在军为伍。"关于《逸周书 · 武顺篇》晋孔晁注亦称："伍，兵名也。"因此，所谓伍，本来是军制。十人为什，百人为卒。商鞅"定变法之令，令民为什伍，而相收司连坐"(《史记》卷六八《商君列传》)，是以军法治民，所以才被人非难为前所未有的暴政。但这样的恶政一旦实施，对于古代帝国加强中央集权是很有利的，因此，在汉代虽说有程度上的不同，但这一套制度还是被沿用了下来。到了三国以后，源自军政的屯田村落开始普及，村居生活逐渐普及，于是，中央政府为了对村民进行有效的控制，就把比以前更加严密的保伍制度强加到了散居在村落中的人民头上。然而，是否也应该将这个制度加于士族即贵族的头上，则存在着很大的争论。如果仅用传统的民政体系来管理村落，政府就很难充分地控制人民，因此，不得不将军队管理的保伍制度引进民政管理，这样就奠定了行政机构上下纵向管辖的基础，伍的二十倍是里，里的五倍是乡，积乡为县，积县为州郡，出现了上级管辖下级的行政体系。汉代里制中的连坐制，只是偶尔由尹翁归这样的酷吏来加强，与之相比，唐代继承了魏晋以来的制度，连坐责任制被写进了国家的律令，人民之间的相互督察成为制度性的规定。军政向民政的渗透，在魏晋南北朝隋唐时期非常明显，极具中世纪社会的特色，从其性质而言，直接称其为封建制亦未尝不可。可见村制是在极具军事性质的保伍制的基础上产生的，随着村制的确立，乡亭制和古代乡官制度彻底崩溃，消失得无影无踪，当然，古代市民社会也随之完全没落。

综上所述，中国上古社会是都市国家体制的社会，人民居住在密集的聚落里，周围环以城郭，城郭之中按一定的规制分里居住。其实，这一个个聚落就是都市国家，随着时代的推移，一些国家发展成为具有领导地位的大国，一些国家则成为从属于大国的小型自治体。随着权力的逐渐集中，最终出现了秦汉古代帝国。不过，秦汉帝国的地方行政制度，并不是后世那样的上下直属形式，而是横向的集聚形式。数个亭中的一个亭成为乡，并指导其他的亭；数个乡中的一个乡成为县，指导其他的乡；几个县中的一个县成为郡，指导其他的县。可是，随着汉代中央集权的不断加强，作为基层权力机构的县的规模越来越大，乡亭则日趋式微。

在都市国家社会里，耕地也只集中在都市的周围，远离都市的地区则是宽广的空地。这些空地如果放任不管，游牧民族就会入侵，在旷野上放牧，这样难就免会引起与邑居汉人之间的冲突。为了防止游牧民族南下，于是就有了秦始皇筑万里长城的壮举。修筑长城之举虽然受到了后世的非难，但正是因为秦始皇的这一政策，到西汉为止，长城以南地区得以保全了中国式的秩序。远离城郭的空地上几乎没人居住，看不到后世那样的村落。如果有的话，也是“反社会式的存在”。然而，新型的村落最终还是出现了，并且随着乡亭的崩溃不断地发展壮大起来。促使村落产生、发展壮大的原因，一个是来自西边和北边的游牧民族的入侵和定居，另一个则是作为国家政策的屯田。汉代初期的屯田，目的在于边防，力图通过屯田来加强边境附近的乡亭建设。但到了东汉末年及三国时期，新型的村落出现了，“村”字原来写作“邨”，可见其与屯田的密切关系。

县级权力机构要想牢牢地控制散居于村落的人民并不容易，于是就采用了保伍制。保伍原本是军制，是一项规定个人连带责任的制度，从前只有酷吏例外地将之施行于民政，但后来逐渐演变成日常性的制度。唐代即以这个保伍制为基础确立了乡里制。唐代的乡里制是上下直属的行政体系，与古代的乡里相比，名称虽然一样，但实质完全不同。

唐代的制度只是前代制度的集大成，其中可见许多没有意义的重复。此后，这些制度发生了巨大的变化，在都市中，坊市制崩溃，出现了街巷制；在农村，里制消失，剩下了乡村制。关于这些问题，以后或许有机会另文叙述。

原载《东洋史研究》第十八卷第四号，1960 年 3 月

魏晋十六国北朝时期华北的都市[①]

一　绪　言

很早以前，我就提倡在考察中国历史时，不能通过将后世的状态原原本本地向前延伸来想象古代的情况，古代世界和中世纪世界绝不是把近世稀释以后的产物，在各个时代中应有具备各自特色的社会形态存在。将这个特色，即曾经存在过但后世却销匿无闻的社会状态挖掘出来，便是历史学的重要任务之一。然而，这个工作绝不像嘴上说起来那般容易。如果社会的变革像法国大革命那样，在短时期内发生、众目睽睽之下大张旗鼓地进行，则探寻其过程似乎是比较容易的，但即使变革再剧烈，若延绵很长

① 原题为《六朝时期华北的都市》。日本学界经常将魏晋南北朝时期通称六朝时期，本文内容亦仅限于魏晋十六国北朝时期的华北都市，为适应国内学界的用词习惯，译文改作今题。

时间、一点一滴地演进时，那么纵然是生活在此漩涡中的人，大多也不会深切地感知到周遭发生了怎样的变化，因而这类变革罕被明白地记载在史书里。仅从记录中讨生活的历史学研究，往往反而容易遗漏对上述大变革的认识。

我还倡导在古代中国的研究中，将都市国家群的对立状态作为基本的出发点比较方便。然而对我此番言论给予准确理解的人却出乎意料地少，这大概是对西洋史的把握普遍不够深入的缘故吧。说到都市国家的时代，同时也意味着是一个近似后世形态的村落尚未普及的时代。城郭为都市国家的标志，农民们密集地居住在其中，形成了市民的主体。耕地附属在城郭都市周围，身为农民的市民们每天要到郭外自家耕地上劳作。远离城郭、孤立星居的人家和散村仅仅是极例外的现象。一般说来，中国古代的这种生活状态同时即是中国文化，所谓中国文化的扩散，也不外乎是城郭都市生活方式的对外扩散而已。

都市国家型社会大体上延续到汉代，甚至可以将西汉视为古代都市的最盛期，此后逐渐步入衰退。中国史家的传统解释认为，上古时代起初约有万国，但经历过一番弱肉强食的较量后不断被兼并，其数字随着春秋、战国时期的推移而不断减少。即周初分列千八百国，至春秋初期变为数十国，进入战国后大国只剩下七国了（《汉书·地理志》）。不过这里所说的国，指的是仍然保持独立的国家，如不考虑其政治上的独立性，仅将以都市形态存在的人民集团，即所谓邑，作为研究点考察的话，上述时代邑的数量应该随时代的推移反而有所增加。这是因为,伴随中国文化向周边地区扩散,原来散处于山间或漂泊在草原上的异民族逐步被同化,渐渐适应了中国式的城郭生活;此外,随着人口的增长,产生了新建殖民都市的必要。因此旧式都市国家虽然丧失了政治上的独立性,但其外壳却一直延续到了相当久远的后世,可以说西汉时期是这种都市生活的最盛期。汉代地方行政系统最基层的县、乡、亭,即是可称为古代都市国家之余绪的城郭都市,其数量根据《汉书·百官公卿表》所记为:

县(包括道、国、邑)	一千五百八十七
乡	六千六百二十二
亭	二万九千六百三十五

这组数字可能与《汉书·地理志》所载的户口统计数据一样,同是依据的平帝元始二年(2)的调查结果吧。[1] 上面的县、乡、亭皆指一个城郭都市而言,故西汉末年的中国,总计有三万七千八百四十四座都市。然而进入东汉,这个数值呈现出了减少的倾向。即《续汉书·郡国志》正文中罗列的县、邑、道、侯国数字,及注中转引《东观书》载桓帝永兴元年(153)的乡亭总数,如下所示:

县、邑、道、侯国	一千一百八十
乡	三千六百八十一

亭	一万二千四百四十三

如果此三者系同年调查的结果,则当时都市的总数为一万七千三百零四,和前汉相比锐减了约一半,这是短短一百四十余年间的巨变。

上述倾向不断延续,从东汉到三国,从三国到六朝,再到唐,都市的数量日趋减少。理论上唐代县城以上的城市都拥有城郭,根据《新唐书·地理志》的记载,唐代的县数为:

太宗贞观十三年(639)	一千五百五十一
玄宗开元二十八年(740)	一千五百七十三

皆在一千六百以下。大概实际附有城郭的都市总数也不会较此有多大上浮。从后汉经历四五百年进入唐代,既已减半的城郭都市数目更跌落到昔日的十分之一。降到这个基点便固定下来,宋以后又呈现出一点点增加的趋势了。

如果这样的话,西汉时期将近四万座都市的居民,在其后都市数量不断减少的六七百年间,究竟流向何方了呢?虽说根据常识马上就可推考出答案,但在此仍不妨赘言几句。第一,汉唐间都市的数量固然在减少,而个体都市的规模却有所扩大,不难想象,一部分人会被增容的都市吸纳进去。

都市的人口膨胀是自古代以来一直持续的现象,我们首先从各王朝的都城来考虑这个问题。西汉时期的长安，据《汉书·地理志》京兆尹长安（县）条下的颜师古注曰：

户八万八百，口二十四万六千二百。[①]

以上数字并非仅反映长安一城，还包括了长安县所辖乡亭的户口情况。举首善一县，户口之少实在与我们的预想远不相侔。但和同页中所载汉王朝极盛期，即平帝元始二年（2）京兆尹所辖全域——包括长安在内的十二县户口数：

户十九万五千七百二，口六十八万二千四百六十八。

作一比较，却也没感到有多么不协调。只是这组数据中不包括士兵和临时寄居者，所以实际的人口应该更多。即便如此，也不到将其意义一笔抹杀的程度。要之，把长安城的人口数推定在户十万、口三十万上下应该不会出大问题。况且，在汉代，都城附近仍以小型家族较为普遍，《地理志》注中平均一户三口的记录也未显得多么不自然。

可是到北魏后期，都城洛阳的人口，按《洛阳伽蓝记》结尾部分的说法为：

---

 ① 此户口数应为《汉书·地理志》自注，非颜师古注，原著或误。

京师东西二十里，南北十五里。户十万九千余。

仅控制中国北半领土的北朝之都，户数就已超过了汉长安城，则其人口数恐怕要在五十万以上了。

唐都长安户称八万、人口百万，早已是当代的常识了。由于当时为贵族制时代，都城居民多为贵族型大家族，故相对于户数水平而言，口数较多。若把六朝以后贵族家庭中阖门百口看作常态的话，则唐长安城的居民平均每户十口以上也绝非是不自然的现象。[2] 结果，唐都长安的人口数是汉长安城的三倍左右，在其他大都市里自然也会有类似的情况出现。

其次，是平民的第二个流向。自东汉以来，中国的原住民中间，脱离都市到郊野村落里营生的人不断增加。村落盛行是东汉以降中国的特色，政府屯田、贵族庄园以及异民族游牧部落的定居依次被看作是促成其发展的三个推手。总之，在六朝社会里，设为官厅治所且拥有较多人口的城郭都市，与游离其外、散布于田野的村落之间的对立，是此前汉代从未见过的新现象。

我曾经在《大谷史学》第六号发表过《中国聚落形态的变迁——关于邑、国、乡、亭、村的考察》一文，主张汉代的乡亭是古代邑国的残余，它继承了城郭都市的形体，像后世村落那样的人民聚居区在当时尚不普遍。随后，又在《东洋史研究》第十八卷第四号发表了《中国村制的确立——古代帝国崩溃的一个侧面》，对村落自东汉以来渐次走向发达的沿革历程进行了论述。从那里引申出一个新课题，即与村落发达同时期并行产生的城郭都市的变迁问题。

二　都市性质的改变

除去极个别的特例，到汉代为止，农业型社会是中国城郭都市的一般特征。由于位置与大小的关系，都市被分为县、乡、亭三级，县本身作为一个都市的同时，还支配着其附近的乡。乡本身也是一个都市，同时又支配着附近更小的都市——亭。亭是以亭城为中心、附带周边耕地的农业都市。县、乡虽然是亭的上级单位，论其本质也不外乎是一种亭。这是因为所谓的乡，其实不过是数个亭中处于中心地位的亭，即都亭；县也同样，无非是数个乡中处于中心地位的乡，即都乡而已。亭制是赋予汉代社会特色的根本制度。

然而上述亭制在魏晋之间完全销匿了，这是中国社会史上的重大变革。不幸的是，我们无法详细探寻亭制走向崩溃的过程。仅就其结果而言，在县与所辖民众的相对关系上，县不再像汉代那样经过乡亭的中介，而是直接对其人民进行支配了。于是伴随着亭一级都市的消失，机构省并，仅有“亭长”一词作为县城内的职衔被存留下来，但其实质意义已完全丧失，变成了仅供驱走的役人。中间机关的取消，导致县级机构逐步复杂化，同时其职员队伍也日益庞大了。

《汉书·百官公卿表》中记载的县级机构组织极为简单，令长之下仅有作为长吏的丞、尉以及作为少吏的斗食、佐、史而已。[①]在此之外，据《西汉会要》卷三三“县掾史”条从列传等散见资料中勾稽出的职衔，还有县掾、门下掾、户曹掾史、县史、令史、狱史、狱小史、小史等。但其中应该有名殊实同的情况，归根结底，西汉的县级机构似乎仍停留在小规模的阶段。到东汉时期，《续汉书·百官志》说“诸曹略如郡员”，分功曹、决曹、[②]贼曹、议曹、仓曹诸部门，此外又置门下掾、主簿等职务，可以说县衙的体制渐趋完备了。

晋代的地方政府中，分上级职务的员和下级职务的吏，并称为员吏。据《晋书·职官志》记载，县衙中令长以下有主簿、录事史、主记室史，门下书佐及幹、游徼、议生、循行、廷掾，功曹史、小史、书佐、幹，户曹掾、史、幹，法曹门幹，仓曹掾，贼曹掾、史，兵曹史，狱小史，狱门亭长，都亭长，贼捕掾等员，在此之下，设置职、散两种吏。其数目为：县户三百以下职吏十八人，散吏四人；户三百以上职吏二十八人，散吏六人；户五百以上职吏四十人、散吏八人。以上递增，至户三千以上，则职吏八十八人，散吏二十六人，俨然是一个大家族了。可以想见，比起东汉时期，晋代县级机构

① “斗食、佐、史”，中华书局点校本《汉书》作“斗食、佐史”。佐史，见《汉书·酷吏传》。
② “决曹”，县级机构中似无此称。其职主罪法等事，于郡廷称决曹，于县廷则称狱掾史。参见严耕望《中国地方行政制度史——秦汉地方行政制度》。

拥有了更加充实的阵容。

县级机构的扩大，意味着县城的政治型都市特征更加浓厚。而且，衙役人数一旦增加，就会使供养他们的人力和资财成为必需，并且还要有提供这些人力及资财的次级、再次级的劳动力和物质资源。这样，县城也就逐步失去了农业型都市的本色，而使工商业型都市的特征日益凸显出来。换言之，这开启了从生产型都市到消费型都市的转变。

当都市处于农业型都市的时期，就好比是一座沉睡的城。在春夏时节，居民们每天到郊外的耕地上劳作，只为晚间休息才回到城里。秋冬季候，家里以女子为中心努力织作，而其性质不过是以自家消费为主要目的家内手工业，故不需纷然与外界交涉即可自足。但是，如果都市变成政治或工商业型都市的话，就必然要作为一个有机的整体进行活动，那么古代里制的崩坏也就不可避免地发生了。

通观漫长的中国历史，存在封闭与开放两种类型的都市。封闭型都市的代表，是以汉代为下限的古代都市，城内被称作“街”的大路划割成若干的“里”，里的四周以墙环围，只在墙上开一扇闾门，居民皆须通过闾门进到里内的小路——巷。这是一种看上去很不方便的制度，但若对于一座沉睡的都市而言，实际上也不会使人感到多么麻烦。虽说要由闾门进出，可一天不过两回，联想到每天从京都到大阪上班的情景，这点辛苦也算不上什么。

在封闭型都市里，作为大路的街只负担顺其方向延伸的纵向交通，同时也切断了左右两侧的联络。恰如在牢狱和兵营之间夹着的胡同一样，只能沿路向前，没有捷径可走，但这种封闭性里总是包藏着崩溃的倾向。居民们要寻求出入的便捷，希望将里墙打破，把各自的门户径直向街而开。如果所有的住户都将家门直接开向最近的大路，则街路就不仅是纵向的通道，也可以左右横穿，成为临街相向人家之间的桥梁了。街路担负起纵向、横穿的通行，里墙又已拆除，闾门的存在也就失去了意义。这样，封闭的都市就转变成今日我们居住的开放型都市了。

汉代的里制经历三国，到六朝时期业已崩溃，这固然是事实。然而欲从史料中详细地勾寻这个过程则很困难。不过，“闾”字在后世仅用于比喻，对其实物的记载却再未出现过这一点，倒可作为间接的证明。另外，“街”本指里外的大路，“巷”为闾内的小路，然而不知何时开始，街、巷二字被衔接起来，变成城内道路的总称了。《后汉书・桓荣传》里记载，汉明帝前往探望桓荣的病情，在将到桓家时下车徒步行走。原文写道：

入街下车。

这家的大门似乎是向街而开的。[3]《论衡・诘术篇》中有“街巷民家”的说法，可以想象一般民家的门户也是如此。不过至少到汉末，禁止一般民居向城内主要干道开门的制度仍被延续。《初学记》卷二四《居处部・宅》引《魏王（曹操）奏事》云：

一曰，出不由里门，面大道者名曰第。爵虽列侯，食邑不满万户，不得作第。其舍在里中，皆不称第。

《奏事》中不称“街”，而特意呼之为“大道”，应该是由于里制正处在崩坏的过程中，居民们已将里墙掘破，在大道之外的窄街上开设门户的缘故。[4] 嗣后，伴随着县城的政治都市化及工商业化的进程，城内居民活动日益频繁，里制最终走上了崩溃的末路。

县以上大都市的工商业化问题暂且搁置，单从政治都市化角度来考察的话，可以说西晋末年开始的异民族大迁徙更是促成其最终定型的契机。

三　民族迁徙与都市

东汉时期，南匈奴降汉，被准许越过长城进驻内地。他们在今天的山西省，即当时并州境内建立了游动的部落居住下来。根据当时的记载，他们常与中国人杂处在一起。但这里说的“杂处”，并非匈奴人与中国人的毗邻而居，而是指在都市与都市之间的空地上，匈奴人的部落厕寄其中，呈现犬牙相错的状态。[5] 据《晋书 · 刘元海载记》说：

皆居于晋阳(治下的)汾涧之滨。

可见他们的部落是营建在城外旷野上的。

但就在这些部落中，单于子孙刘渊的势力雄兴，建起独立的政权并宣扬嗣承汉统。于是，在适宜之处设立一个固定的根据地便成了必须思考的问题。最初，选在左国城（离石县东北）定都（304 年），所谓“城”，不过是与乡亭规格无异的小城郭而已。不久又迁至平阳郡十二县之一的蒲子县（308 年），随后又移都平阳郡郡治平阳县（309 年）。据说他在平阳大加兴作，想来城郭的规模也有所扩大，其实际目的是要让麾下的匈奴士卒迁居其中。刘渊死，其子刘聪继位，因本族的内讧杀死了皇太弟刘乂，[①]并肃清其党羽。《晋书·刘聪载记》中这样写道：

> 坑士众万五千余人，平阳街巷为之空。

由此可知，平阳城里面朝街巷的住家似多已配给匈奴的兵士居住了。我们可以从其中注意到一个重大的历史转变：从前在中国式城郭的郊外过着游牧部落生活的异民族，刚一变成统治阶级，就集凑在以国都为首的、当时最大的都市里过上了定居的生活。

由匈奴人建立的汉政权在刘粲继位后发生了内乱，领土分裂，镇守关中的刘曜据长安建立前赵，和以石勒为首、定都襄国的

---

① “刘乂”，原著作“刘叉”，底本、初刊本（《东洋史研究》第二十卷第二号）及《宫崎市定全集》皆同，似为手民之误。《资治通鉴》（晋元帝建武元年）、《晋书·刘聪载记》均作“刘乂”。译文从《通鉴》、《晋书》。

羯人政权后赵争雄。最终石勒取胜，他派遣侄子石虎攻陷前赵的国都长安，平定了关中（329 年）。《晋书・刘曜载记》中这样描述当时的情形：

徙其（前赵）台省文武、关东流人、秦雍大族九千余人于襄国。

除安置与石勒同族的军士外，汉人豪族也被当作人质移徙到这里，使襄国变成了收容胡汉诸民族的大都会。石勒死后，石虎以力嗣位，并将都城徙至自己的根据地——邺，大概襄国中有势力的人物也被原班迁到了那里。及石虎之子石鉴在位时，又发生了羯人和汉人之间的内讧（349 年）。起初，孙伏都率羯士三千谋杀汉人大臣冉闵，谋事失败，反使冉闵掌握了政权。受到这次政变的冲击，非汉族出身者担心祸及于身，便争先恐后地逃出都城。《晋书・石鉴载记》记述道：

胡人或斩关，或逾城而出者，不可胜数。

冉闵为了使人心安定，最初并没有禁止，任其所之，而逃亡者不绝。于是他对胡人彻底失望，导演了一幕将异民族集体虐杀的悲剧。《晋书・石鉴载记》中接着写道：

> （冉闵）令城内曰："与官同心者住，不同心者各任所之。"敕城门不复相禁。于是赵人百里内悉入城，胡羯去者填门。闵知胡之不为己用也，班令内外赵人，斩一胡首送凤阳门者，文官进位三等，武职悉拜牙门。一日之中，斩首数万。闵躬率赵人诛诸胡羯，无贵贱男女少长皆斩之，死者二十余万，尸诸城外。

仅未及逃出城而被虐杀的胡人就多达二十余万，则迁都之初，如此庞大的异民族群体移居进城的另一面，同样会有大批的中国原住民被驱逐到城外。引文中趁冉闵政权出现危机，百里内入居邺城的赵人可能就指此辈而言。换言之，五胡异民族国家建立的同时，首都（以及重要的政治都市）里大规模的居民替换也在进行，以至原来过着部落生活的半游牧民族跃居为居民的主要部分。而且，这种现象不单限于首都，地方的重要都市也渐受其波及。《晋书·石勒载记》记载：

> 巴帅及诸羌羯降者十余万落，徙之司州诸县。

城市的夷狄化首先是从都城附近的各县开始的。

继后赵雄踞华北的大势力是氐人苻坚治下的前秦。早前，石勒之侄石虎攻陷长安平定关中时，将当地的氐、羌诸部大批迁徙

到了关东(329 年)。《晋书·石勒载记》中说:

徙氐羌十五万落于司、冀州。

略阳临渭的氐族酋长苻洪也在此时被迁至赵都邺城。不久,他趁后赵末年大乱,纠合同族军士十余万人独立。其子苻健继位后又拥众返回关中,取长安为都(350 年)。苻健弟苻雄之子,即是大征服者苻坚,据说他在祖父幽囚于石氏时降生于邺城的永贵里。他成为前秦王之际,正值鲜卑慕容氏的前燕政权盛极关东的时期,他乘前燕内乱之机将其消灭,俘虏了前燕王慕容暐,并将其族众徙至长安(370 年)。《晋书·慕容暐载记》云:

徙暐及其王公已下并鲜卑四万余户于长安。

不过他们中间的大部分被安插在长安附近的各县,仅千余重要人物作为人质抑留在城中。

如上所述,五胡时期的君主,常把被征服民族的权贵迁入自己的都城,严加监管,不敢懈怠。另一方面,他们也会把可为心腹的同族军人连带家属派到征服地的要冲,屯守四方。《晋书·苻坚载记上》(380 年)记载:

坚以关东地广人殷,思所以镇静之,引其群臣于东堂议曰:“凡我族类,支胤弥繁,今欲分三原、九嵕、武都、汧、雍十五万户于诸方要镇,不忘旧德,为磐石之宗,于诸君之意如何?”皆曰:“此有周所以祚隆八百,社稷之利也。”于是分四帅子弟三千户,以配苻丕镇邺,如世封诸侯,为新券(秦?)主。

不过,派兵镇守远方之举绝不受部下的欢迎。《晋书·苻坚载记》中接着写道:

坚送丕于灞上,流涕而别。诸戎子弟离其父兄者,皆悲号哀恸,酸感行人。

对于在关中长大的氐人来说,被派去镇守新占领土是极不情愿的。或许也预感到了有生之年再无缘相见,悲从中来,只得洒泪而别。然而从国家的角度来说,为维系霸权,大规模的徙民势在必行,也不得不按捺私情将其付诸实施。《晋书·苻坚载记》继续写道:

于是分幽州置平州,以石越为平州刺史,领护鲜卑中郎将,镇龙城;大鸿胪韩胤领护赤沙中郎将,移乌丸府于代郡之平城;中书令梁谠为安远将军、幽州刺史,镇蓟城;毛兴为镇西将军、河州刺史,镇枹罕;王腾为鹰扬将军、并州刺史,领护匈奴中郎将，镇晋阳；二州（河、并）各配支户三千。

最终，苻坚通过适当地置换心腹部族和新占领地区的归降部族，巧妙地创造了有利条件，在相互制衡的状态下谋求政权稳定。但是，其苦心终究还会归结到数量的问题上。对苻坚而言，最大的弱点是氐族人口的人数不足，尤其是被他击败的前燕鲜卑实力远胜于己，更成为其肘腋之患。在此情形下决计征伐东晋，势必会伴有极大风险，所以淝水之战的先锋部队刚刚受挫，即令全军震动。战场的失利固然算不上致命打击，可败报一旦传来，前秦就分崩离析了（383 年）。特别是被迁到长安的鲜卑人发起的独立运动，最先发难。那时，前燕降王慕容暐正在城中，纠合同族千余人谋弑苻坚，结果行迹败露，尽为苻坚所诛。《晋书·苻坚载记下》云：

时鲜卑在城者犹有千余人，暐乃密结鲜卑之众，谋伏兵请坚，因而杀之……坚乃诛暐父子及其宗族，城内鲜卑无少长及妇女皆杀之。

然而长安城外大多数的鲜卑人在此后跟随慕容冲攻陷了长安，慕容冲败死后又在慕容恒的指挥下大举东进，再次拉开了民族大迁徙的序幕。《魏书》卷九五《慕容永传》记载：

> 其左仆射慕容恒……立宜都王子觊为燕王，号年建明，率鲜卑男女三十余万口，乘舆服御、礼乐器物，去长安而东。[6]①

关中陷入了大混乱。

概括地说，五胡时代的民族迁徙分两种情况。第一种是征服者在平定新占领土之后，为扶植己方势力、压抑旧势力而施行的政策性移民。这类迁徙相对有序，而且目的地多是都城，或者兼为军事要冲的大都会。即便是出身游牧民族的政权，一旦成为征服者或统治者，就必然要选择某座大城市作为根据地。鲜卑秃发氏南凉的定都过程就是一个颇为有趣的实例。南凉统治的所谓河西地区，约相当于前凉以来建置的河州，位于黄河上游。因地处边鄙，受中原局势的波及较迟缓，直到被南凉始祖秃发利鹿孤占领时，土著的中国农民们依然过着城郭生活，游牧民族在郊外的旷野上游弋营生。秃发利鹿孤从部落中崛起，征服了附近地区。在军事活动初期，打算进入城郭定都称帝，变身为中国式的统治者，不过因部下的阻谏放弃了这个计划。《晋书·秃发利鹿孤载记》如下记述道：

> 以隆安五年僭称河西王。其将鍮勿崘进曰："昔我先君肇（国）自幽朔，被发左衽，无冠冕之仪，迁徙不常，无城邑之制，

① 原著注6中"人数比《晋书·载记》多十万口"，似误。参照正文可知，此处《晋书·载记》当作《魏书》。

> 用能中分天下，威振殊境。今建大号（帝号），诚顺天心。然宁居乐土，非贻厥（于子孙）之规；仓府（积）粟帛，生敌人之志。且首兵始号，事必无成，陈胜、项籍，前鉴不远。宜置晋人于诸城，劝课农桑，以供军国之用，我则习战法以诛未宾，若东西有变，长算以縻之；如其敌强于我，徙而以避其锋，不亦善乎！"利鹿孤然其言。[7]

结果，南凉初期的国策，是想让城郭里的汉人农民专心务农，本族仍维持游牧生活，肆力军务。一个很保守的、国粹主义的方针一度被确立了下来。但实际上，这样的政策似乎极为不便，苦心经营的妙算也没能延续多久。待秃发利鹿孤辞世，弟傉檀一继位（402 年），就以乐都为都城，不久又对城池大加增筑。此后，更趁凉州姑臧内乱之机将其兼并，称号凉王，改元嘉平。五胡诸国或早或晚都会重复类似的过程，在此期间，原先中国人的农业都市向政治及军事型都市转变，大量的异民族军人也被编入居民之列。但是，一个割据政权一旦为更强大的新势力所打倒，接踵而至的，必然是在新政权指导之下的大都市居民——主要是异民族军人及汉人豪族——向其他地区的强制迁移，并且在他们迁出后，马上会有新统治者的军队进驻镇守。

然而，若独立政权的崩溃非由外来武力征服，而是缘自内部的分裂时，就会像没有破产管理人的公司解散一样，陷入不可收拾的无政府状态，这就是民族迁徙的第二种情况。混乱非仅首都，同样殃及地方，昔日被强制迁来的各民族开始各向所趋，自由地移动。上文所举前秦末年鲜卑人的迁徙就是其中的一例，而此前后赵石氏覆亡之际(349年)冉闵政权的内乱则更为惨烈。《晋书·冉闵载记》云：

> 闵尽散仓库以树私恩。与羌胡相攻，无月不战。青、雍、幽、荆州徙户及诸氐、羌、胡、蛮数百余万，各还本土，道路交错，互相杀掠，且饥疫死亡，其能达者十有二三。诸夏纷乱，无复农者。

可谓是举国大乱。此间罹祸最深的，即是已向政治都市同时又是消费都市转型的大都会，特别是首都邺城，在粮食极度匮乏的痛苦中挣扎，上演了如《晋书·冉闵载记》所示的悲惨一幕：

> 邺中饥，人相食，季龙(石虎)时宫人被食略尽。

四　双重城郭的都市

都市既已变为政治型都市，设立衙门、府库，并使之成为广大民众活动的舞台，就势必要拥有宽广的空间。但同时，它又是军事型都市，附带武库、军营，收容军属并要承担保护他们的责任，则城墙又需尽量坚固。宏大和坚固两个条件时常会产生矛盾，为使其并立不悖，类似春秋战国时期流行的那种内城外郭双重城墙的大都市在五胡时期出现了，苻氏前秦时期的邺城就是其例。《晋书·慕容垂载记》记载，淝水之战后，慕容垂反叛苻坚，围苻丕于邺（384年）：

垂攻拔邺郛，丕固守中城，垂堑而围之。

可知邺有郛与中城两重城。但这里所谓的中城，又似乎不在郛的中央，而位于向北突出的部分，也就是先前后赵的宫殿区。昔日石赵时代，民众聚居的城区之北是宫城，宫城南门——凤阳门延伸出的大街将城区分为东西两部分。前文提到，苻坚派苻丕等同族三千户镇戍邺城，则很可能将石氏的故宫旧地配给他们作为驻地，名之曰“中城”。若果真如此，这个地区即相当于后来北齐时期的北城，或称作后部，或成安县的所在。[8]回到前文，慕容垂遭遇苻丕的婴城顽抗，对邺的猛攻数度受挫，不过邺最终还是被部下慕容农拔取。进城后，将称作郛的城区，即所谓南城东西二分，舍弃西半，把人民驱集在东城中，使防御更加磐固。《晋书·慕容垂载记》：

（慕容农）进师入邺，以邺城广难固，筑凤阳门大道之东为隔城。

 隔城大概和子城的意思相仿。虽说已将城池范围缩小，但到了南燕慕容德时期遭受北魏攻击时，仍因邺都城大难守，不得不选择放弃，率户四万、车二万七千乘逾河南走，徙都滑台（398 年）。可是不久滑台又发生了内乱，汉人叛降北魏，只得再弃滑台，改都广固（399 年）。从史料记载中可以知道，广固是一座具有双重城郭的都市。

东晋末年，将军刘裕掌权，率军北上平定南燕。《晋书·慕容超载记》记录此事时写道：

> 超又奔还广固，徙郭内人入保小城。

这一事件《资治通鉴》卷一一五“安帝义熙五年（409）”条作：

> （刘）裕乘胜逐北至广固。（六月）丙子，克其大城。超收众入保小城。裕筑长围守之，围高三丈，穿堑三重。

《通鉴》的这段记述或许引自《十六国春秋》的原文。虽说《晋书》中的“郭”字在《通鉴》中代以“大城”，而两者所指无疑是同一物。只是在这里，究竟是大城完全包住小城，还是小城的一部分突出于大城之外，就无法知晓了。

双重城郭的规制，仅在涉及大城市的记录中间或出现，究竟能多大程度地影响到地方小城市的格局，则难以得详。[9]①但不同

① 注 9 引用《魏书》“芟其禾茉”，“茉”，原著作“菜”，误。《宫崎市定全集》本不误，据改。

民族怀揣着不同的目的入居同一座城市时,从统治者角度来说,使之分城而居是尽量避免异族间频生摩擦的最佳选择。如此一来,具有军事意义的小城必然会被砌筑得更加牢固。总之,有一点应予注意:这种双重城郭式的都市结构对以后北魏都城产生了影响,并在隋唐时期得以延续,甚至在元明清和近代的都市格局中也留下了痕迹。

混一五胡的北魏虽出身鲜卑,究其成功的原因,人数优势似乎起到了作用。纵然如此,北魏初期的都城——平城仍是一座双重城郭的城市,只是小城并非完全被套在外郭里,而是向北部突出,正与石赵邺城的形制相似。据《魏书·太祖道武帝纪》:

> (道武帝天赐三年,406年)六月,发八部五百里内男丁筑灅南宫,门阙高十余丈;引沟穿池,广苑囿;规立外城,方二十里。

灅南宫又被称作"宫"城,外"城"也被称作"郭"。如《魏书·太宗明元帝纪》中说:

> (明元帝泰常七年,422年)九月,……筑平城外郭,周回三十二里。

 此后,太武帝时期又大规模增筑了平城,不过这件事未见于《魏

书》,反而出现在了《南齐书》卷五七《魏虏传》中:

> 佛狸(太武帝)破凉(原作梁)州、黄龙(436—439),徙其居民,大筑郭邑。截平城西(北?)为宫城,四角起楼,女墙,门不施屋,城又无壍。南门外立二土门,内立庙……其郭城绕宫城南。

由是可知,平城北面为宫城,宫城之南连接着一座更大的外郭城。无须详言,外郭是安置鲜卑军士以及从新占领的地区强制迁来的汉人和其他异民族的区域。因此,平城的规制应该说与后赵石氏的邺城十分相似,至于后者是否出自有意识地模仿,我们不得而知。北魏作为一个征服王朝,都城居民未必限于自幼养成的本族亲从,同时还混有许多昔日敌国的权贵势力,他们是绝对不可信赖的人。皇帝的宫城即便有必要接近都城的居民区,然而完全被居民区包围起来反倒不安全。所以宫城设计上采取南临居住区、北接空地的方案更为稳妥。由此而言,邺城和平城在规划上的雷同,也可以理解为置身类似处境的后赵与北魏,不期选择了相同的都城营造理念。

北魏在孝文帝时代迁都洛阳,接着进行了大规模的城市扩建(494 年)。北魏洛阳以魏晋洛阳城为中心,在其外围增筑了郭城。[10]位于都城中心的洛阳故城,南北九里一百步,东西六里十一步,由是被称作“九六城”;北面两门,东面三门,西、南各开四门。北魏扩建时，在九六城周围修筑了南北十五里、东西二十里的外郭城，将内城完全包在其中。于是，仅从外形来看，北魏洛阳城恰似春秋战国时期内城外郭都市的再现，然而仔细观察其结构不难发现，事实并非如此，它的格局与平城仍无明显的差异。

也就是说，北魏洛阳的内城并不位于郭城的中央，而是接近北侧。内城东墙与东郭之间的距离约八里，西墙与西郭之间约七里，东西没有太大差异，但南北则相差很大，内城南墙与南郭之间为四里，而内城北墙与北郭之间却只有一里，并且，内城北墙与外郭之间似乎没有民居。

《洛阳伽蓝记》卷五中关于城北的记述较其他部分简略得多。内城北墙有两门，东称广莫门，西称大夏门，门外都是向北延伸的御道。在《伽蓝记》中，广莫门御道以东、大夏门御道以西都有关于寺庙和里坊的记载，唯两条御道之间的区域里，仅提到了晋代的宣武场亦即北魏的光风园，并说那里生长着苜蓿。因此，与其称作园，不如将它理解成牧场更为贴切。另据《洛阳伽蓝记》序文中的描述：

广莫门以西，至于大夏门，宫观相连，被诸城上也。

御道之间宫观连属。“宫观”一词多用来指代宫殿，故这个地带似非一般百姓的结庐之所，应该视为附属于宫殿的后苑。[11]果真如

注释：

1.《汉书·地理志》所见户口统计数据究竟是哪一年的调查结果，原文中并无说明。但从《续汉书·郡国志》注中可知，这个数据来自平帝元始二年的版籍。因为户口统计必然先在县、乡、亭分别进行，所以将《汉书·百官公卿表》中的县、乡、亭总数看作与户口数同时期的调查结果应该不会有大错。

2. 关于唐代长安的人口数及每户十余口的户口比例等问题，请参见平冈武夫《唐代的长安与洛阳（地图）》解说部分第 37 页以下的论述。

3. 面街开门的习惯可能在东汉时期已相当普遍。《后汉书》卷六七《桓荣传》云：「帝（明帝）幸其家问起居，入街下车……自是诸侯将军大夫问疾者，不敢复乘车到门。」吟味此句，桓荣家的门似乎是向街而开的，文中根本没有提及闾或者巷。又，桓荣为食邑五千户的关内侯。

此，则北魏的宫廷伸向内城之北，隔郭城与郭外空地相衔接，这与平城的规制几乎没有什么不同。

隋都大兴城以及就此因袭的唐都长安城，都应该放在上述都市形制发展的延长线上来考察。关于唐都长安，《资治通鉴》卷二四五中胡三省注曰：

> 《六典》：唐都城三重，外一重名京城，内一重名皇城，又内一重名宫城。

乍读起来，很容易理解为是三重城郭，但实际上并非如此。外郭内部邻接北墙的地方是较小的宫城，此为天子内廷；其南是与之规模大致相埒的皇城，构成外朝。所以，从本质上说唐都长安的格局与北魏洛阳是没有多大区别的。

五　结　　语

五胡至南北朝时期，中国社会经历了空前的大混乱。翻开记载这一段历史的史书，感觉到每年都会发生大量的民族迁徙，但想要觅寻其变动的轨迹却又是几乎做不到的。我在大学毕业后

注释：

4. 随着里制的崩溃，街似乎也出现了大道和小路的区别。特别是将天子经常通行的大道称为御街。《晋书·苻坚载记》云：「高平徐统有知人之鉴，遇坚于路，异之，执其手曰：『苻郎，此官之御街，小儿敢戏于此，不畏司隶缚邪？』坚曰：『司隶缚罪人，不缚小儿戏也。』统谓左右曰：『此儿有霸王之相。』」在这样的御街上开门大概仍是不被允许的。

5. 「杂处」之义，虽然已如正文所述，不过汉人与他族个人之间的混居现象并非绝对不存在，而且其出现之早足令人感到意外。例如《三国志·魏书·梁习传》载：「并土新附……时承高幹荒乱之余，胡狄在界，张雄跋扈，吏民亡叛，入其部落。」但是「杂处」一词，如《论衡·诘术篇》所云，「州、郡列居，县、邑杂处，与街巷民家何以异」，通常是指都市那样混列而立的状态。

注释：

6. 关于西燕鲜卑的迁移，《资治通鉴》卷一〇六《晋纪》「孝武帝太元十一年三月」条载：「西燕仆射慕容恒、尚书慕容永袭段随，杀之；立宜都王子𫖮为燕王，改元建明，帅鲜卑男女四十余万口去长安而东（胡注：海西公太和五年，秦迁鲜卑于长安，至是才十七年耳，而种类蕃育乃如此）。」人数比《晋书·载记》多了十万口。然而原先徙居长安时户为四万余，故此处即便作四十万口，其增殖速度也不应使胡三省感到惊讶。

7. 关于秃发利鹿孤，《资治通鉴》卷一一二《晋纪》「安帝隆安五年」条云：「春，正月，武威王（秃发）利鹿孤欲称帝，群臣皆劝之。安国将军鍮勿仑曰：『吾国自上世以来，被发左衽，无冠带之饰，逐水草迁徙，无城郭室庐，故能雄视沙漠，抗衡中夏。今举大号，诚顺民心。然建都立邑，难以避患，储蓄仓库，启敌人心；不如处晋民于城郭，劝课农桑以供资储，帅国人以习战射，邻国弱则乘之，强则避之，此久长之良策也。』」较《晋书》的记载更易理解。

的一段时间内，对五胡时代很感兴趣，从史书中收集了许多与民族迁移相关的资料，并试着进行整理，不过，这一研究终因无果而不得不放弃了。尽管如此，还是积累了一些心得——五胡时期的民族迁徙基本上可以分为两种类型：一类是作为国家政策的强制性迁徙，另一类是无政府状态下的自由迁徙，在研究中必须将两者加以区别。前者即便是在混乱之中，但仍然能有序进行，至少是以维持秩序为目的而进行的。更可意外地发现，这类民族迁移的舞台不在乡间，而在城市，并且是大都市。在那里，自东汉末年既已呈现端倪的都市政治化、军事化的特征最终占据主导地位，都市逐渐与农业绝缘，以至将农业生产的重担完全推诿给村落。

注释：

8. 关于北齐时期的邺城，《魏书・孝静帝纪》天平元年(534)条云：「十有一月……庚寅，车驾至邺，居北城相州之廨。改相州刺史为司州牧，魏郡太守为魏尹，徙邺旧人西径百里以居新迁之人，分邺置临漳县。」北城即后赵的宫城，苻丕时期的中城；新设的临漳县即南城的东部，后燕的隔城。邺县应是一度被后燕废弃的南城凤阳门以西的部分。东魏政权为安置从洛阳带来的百官家属，将邺县的原住民驱逐出城，迁至凤阳门以西，另立邺县；旧邺县地新设为临漳县。但到北齐时期，又以北城为成安县，三县并称为清都。邺领有右部、南部、西部三尉；临漳领有左部、东部二尉；成安领有后部、北部二尉。其中，右部、左部为南城，后部相当于北城，合称三部，城内皆分为若干个里。东、南、西、北四部领有城外的村落。邺城在东魏灭亡后继为北齐国都，北周吞并北齐后再度降级为相州，日后成为尉迟迥叛乱的据点。叛乱平息后，据《周书・静帝纪》大象二年(580)条载：「秋……八月……庚午……移相州于安阳，其邺城及邑居皆毁废之。」

国家指导下的民族迁移，即徙民政策，若求诸后世的实例，恰似清朝的八旗驻防政策。主要由异族构成的军人集团，尽可能派驻到未知的土地上镇守，同时还要尽量避免与汉人为主的土著之间发生摩擦。就像清朝在驻防地区的汉城之外别设满城一样，五胡王朝也推行了双重城郭的都市，城作为军事基地，郭内则安置一般居民。前秦占领邺城就是其中一例。只是由于资料的限制，这个政策多大程度得到了普及就不得而知了，这不得不说是个遗憾。至于都城的情况，在双重城郭都市里，城必然被当作君主的宫城。我们可以从南燕和北魏政权的都城中找到实例。尽管南燕国都的具体布局不甚明了，但北魏的平城却很清楚，宫城没有设在平民居住的郭城里，而是向北突出。北魏洛阳、隋唐长安的宫城虽说包含在郭城中，但其北墙仍与城外的空地相接。这种设计同后世清朝的北京城如出一辙。北京城北部是内城，八旗军拱卫的皇城就在其中，内城之南接筑外城，安置汉人。

五胡南北朝时期华北的各都市里，有计划、大批量地进行着居民的置换。原本居住在城里的农民逐渐被赶到郊野的村落间，取而代之的新主人则是异民族军人和汉人豪族。[12]到宋代，所谓“坊郭户”在商业领域崭露头角，若溯寻其祖先，应该有不少是五胡时期的异族分子。这绝不是不可思议的现象，众所周知，唐末迁往西域并与伊斯兰民族混血的回鹘人，进入宋代以后，其经商

注释：

9. 后燕都城中山也兼有城和郭。《魏书·太祖纪》皇始二年(397)条云：「七月……遣将军长孙肥一千骑袭中山，入其郛而还。」「八月……遣抚军大将军略阳公元遵袭中山，芟其禾菜，入郛而还。」既然提到了郛——郭城，那么此外尚有「城」的存在也就不言自明了。

10. 关于北魏洛阳城的城、郭问题，请参见森鹿三《关于北魏洛阳城的规模》(《东洋史研究》第十一卷第四号)。如森氏文中所引，史书中对北魏洛阳城中心区域——魏晋「九六城」四周长度的记载多少有些龃龉之处。如《续汉书·郡国志》刘昭注称：「《帝王世记》曰：『城东西六里十一步，南北九里一百步。』《晋元康地道记》曰：『城内南北九里七十步，东西六里十步。』」

的才能不亚于“坊郭户”，作为商业民族活跃在历史的舞台上。

五胡以来，都市变成了五方辐辏之地，对政府来说，仅靠将都市区分为城、郭两部分已经不能满足管理的需要，于是对城市内部进一步加以管理显得日益迫切。随之，复活汉代里制的尝试也应运而生，并经过北魏政府的努力而得以实现，这便产生了隋唐时期更加完备的坊制，中国都市于此再度蒙上了一层浓厚的封闭性色彩。关于坊制的沿革，将另行撰文探讨。

原载《东洋史研究》第二十卷第二号，1961 年 9 月

注释：

11. 关于洛阳城北门的问题。与开有四门的城南墙相比，宽度等同的北墙仅开两门，是由于北面特殊的地位所造成的，从大夏门、广莫门外的道路都称作御道这一点便了然可知。或许在两条御道之间的城墙上还会有以某种形式存在的「门」，只是它仅作为连接宫殿与后苑之用，并非一般民众所能通行，就被史籍省略了。大夏门有三层门楼，是城里最宏伟的建筑。

12. 要确定中国农民从何时何地开始弃居城邑迁向农村的，这绝非易事。《晋书·苻生载记》载：「自生立一年，兽杀七百余人，百姓苦之，皆聚而邑居。为害滋甚，遂废农桑。」可见当时（356 年）长安附近的农民已经开始了村落生活，但是为了应对突发事件，似乎仍能立刻结邑而居。因此在苻氏灭亡后（394 年），姚兴把苻登的部队遣散归农，《晋书·姚兴载记》云：「与登战于山南，斩登。散其部众，归复农业。」大概就是将他们赶到农村去。

汉代的里制与唐代的坊制

一　汉代的里

我曾针对汉代的乡、亭、里制度展开过探讨，得出的结论是，东汉应劭所说的“十里一乡”、“十里一亭”是真实存在的，当时称作“乡”和“亭”的聚落，均是由城墙环绕的人口密集区域，其内部又被划分成若干个“里”。[1]后来，中国的田野考古调查逐渐证实了我的推断。

《考古通讯》1957年第4期刊登了河北武安县午汲镇北西古城（又称“午汲古城”）遗址的调查报告。这座古城或许是东周至西汉时期的聚落遗址，西汉时期被称为“乡”或“亭”。遗址周边围绕着矩形的夯土城墙，城内的街道将其划成了十个区域，每一格无疑就是一个里，这与东汉应劭所说的“十里一乡”或“十里一亭”完全一致。

不过,我最初设想的汉代及其以前的里都是正方形的,外侧筑有城墙,只留下一道闾门与外界相通。但这次经过考古调查的午汲古城,城内的里都是十分狭长的长方形,这促使我不得不重新考虑里的形状。幸运的是,五井直弘先生以《考古通讯》的报道为基础,绘制出了古城的示意图,刊登在筑摩书房出版的《世界历史三》上,这里借以略作说明(参见下图 A)。

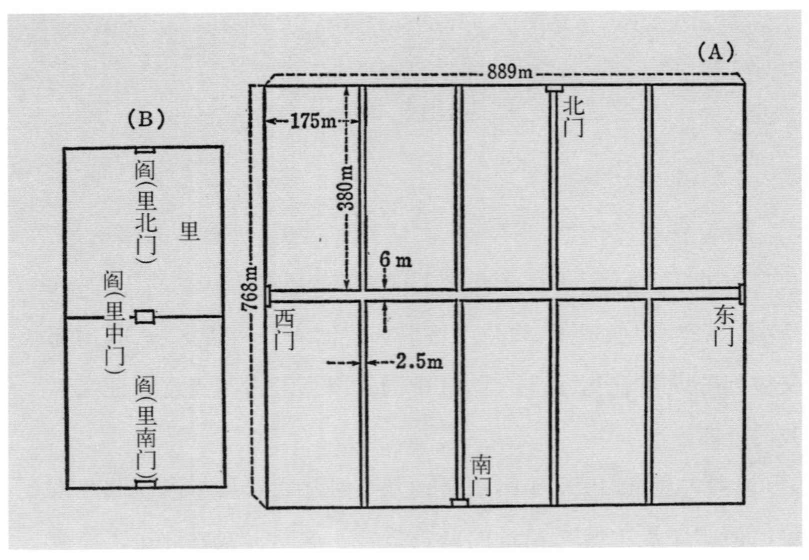

基于午汲古城调查资料的汉代乡(亭)里想象复原图

午汲古城东西 889 米,南北 768 米,外侧城墙大致呈矩形,墙高 3 至 6 米,墙底宽度 8 到 13 米。城墙的东、北、西三面都存在缺口，可以视为古时城门的遗迹，南墙稍稍偏西的地点也能看到同样的痕迹。古城内部中央，一条宽 6 米的道路贯通东西，南北向共有四条宽 2.5 米的道路。城墙和街道将城内空间划分成十个方格，呈南北细长的长方形，这无疑就是汉代的里。如果这十个里都是同样大小，则每个里南北长约 380 米，东西宽仅 175 米，宽度不到长度的一半。这里首先遇到的问题是，进出里的闾门在什么位置？从方便出入的角度来考虑，闾门开在东、西两侧长边的中央是最佳选择，但东西两侧里墙外的道路仅宽 2.5 米，用作一里之人的交通干道实在过于狭窄，因此，闾门开在面朝 6 米宽道路的南墙或北墙上才比较稳妥。可如果是这样的话，住在里最顶端的居民，出入闾门时就得绕很长的路。所以，无论把闾门设在哪个位置，都必须在另一侧也开出一道门来才算比较合理。检索汉代的相关记载，里可能是有南北两个门。《春秋繁露·求雨七十四》中介绍了春旱时祈雨的方法：

> 令民阖邑里南门，置水其外；开邑里北门，具老豭猪一，置之里之北门外。[2]

既然文献中有“里南门”和“北门”的记载，因此可以说，在南北狭长的里中，通常南北里墙上分别设有闾门。可是这样一来又面临了另一个难题，这就是在叙述秦始皇暴政时经常提到的“发闾左之戍”一句又如何解释？“发闾左之戍”一句可以解释为居住在闾门左侧的民户壮丁全部被征发完毕。如果一个里有南北两座门的话，那么，从南门进入时意识到的闾左和从北门进入时意识到的闾左正好完全相反。在当时的对外征战中，被征发的戍卒十有八九都是有去无回，动员时必定会围绕选择南门还是北门发生激烈的争吵。但是，即便有两座闾门，只要把里从中间拦腰隔断，这样的纷争自然就消解了。当时人并没有对"闾左之戍"的解释提出异议，而且很早就有在闾前颔首来表达对闾中名士的敬意的记载。如果这些都被汉代人如实地继承了下来，那么里中的隔墙确实是自古就存在的。假如隔墙完全阻断了里的南北交通，这又是十分不便的，所以隔墙上必定设有沟通南北的门，这或许就是古代记录中常常出现"阎"。

在汉代以前的古文献中，常常出现与"里巷"同义的"闾阎"一词。如前所述，"闾"是里的出入口，《说文》对"阎"的解释为："阎，里中门也。"完全相同的解释还见于(1)《后汉书》卷三〇《班彪传》章怀太子注引《字林》、(2)《文选》卷二所收张衡《西京赋》"便旋闾阎"李善注、(3)《汉书》卷一三《异姓诸侯王表序》"闾阎偪于戎狄下"颜师古注、(4)《汉书》卷八九《循吏传》序"兴于闾阎下"颜师古注。如此，《荀子·儒效篇》"隐于穷阎漏屋下"杨琼注"阎，里门也"一句就应该在"里"和"门"之间缺了一个"中"字。如果确实是作"阎，里中门也"，那么这里就不应读成"里中之门"，而应该读成"里之中门"。[3]其下段玉裁注曰："闾闬，别里之外门也。"也就是说，"阎"有别于里的北门和南门，是里中隔墙上的门(参照上图B)。汉文没有词尾的变化,因此应该按照当时的常识来解读。如果汉代的里制如我所设想的一般,那么谁都会依据常识把它解读为"里之中门"。再者,从语言的定义上来说,这一读法也远比"里中之门"这般含糊的语境具有表现力,因此是更加合理的解释。作为商业场所的市,有着与里相似的构造,其外侧的门称"阛",但是否存在中门则不得而知。[4]

直至汉代,中国聚落就如午汲古城所示,城周有城墙环绕,内部的里的周围也有墙垣。午汲古城的城墙高达3至6米,对于这样规模的聚落而言,或许是特别高大的,所以才能经受得住两千年的风霜保存至今,并且作为代表性的聚落遗址成为考古调查的对象。相反,城内里周边的墙垣就要脆弱得多,午汲古城的调查报告中没有提及里墙的现状,直到距离现今地表约两米深的地方才勉强发现了环绕在里周围的街道迹象。

古代墙垣无论其规模如何,都具有隔断内外的重大意义,象征着不可逾越的存在。里内各家的周围也有围墙环绕,以此与邻家相隔,正如邻居男女间的自由恋爱被称作"逾墙"那样,无论多矮的墙都是不允许逾越的,逾墙被视作最可耻的行为。日常性的交通往来必须经过作为里门的闾,所以闾门也常常成为检查人员往来的场所。里内的居民必须把家门朝着通往闾门的小巷,面朝街道破墙开户是不允许的。

如果翻越聚落的城墙,无论其动机如何都要课以重刑。《韩非子·外储说左下第三十三》记载了这样一个故事:

梁车新为邺令，其姊往看之，暮而后门闭，因逾郭而入。车遂刖其足。[5]

从故事中我们可以确定这样两个事实。第一，即便是邺这样的重要城市，城墙也并不高大，一个女人就能翻越过去。由此看来，地位更低的地方小城市的城墙一定更加寒酸。西汉末年王莽时代，地方叛乱频发，许多城市的城郭设施都不完备，因而缺乏防御力。正如王莽地皇二年（21）田况所奏《盗贼防御策》中所言：

收合离乡、小国无城郭者，徙其老弱置大城中，积藏谷食，并力固守。（《汉书》卷九九《王莽传下》）

这里所说没有城郭的乡国，并不是像后世的“镇”那样随意拼凑的民户集合体，乡国同样筑有城墙，只是其坚固程度没有达到能够在战争中发挥作用的要求。

第二，尽管城墙脆弱不堪，但翻墙却是重罪。车新将自己的姐姐处以刖刑，这不算很重的刑罚，只是斟酌之后给予了合理的处置。但如果与后世律令所规定的刑罚相比，那就非常严厉了。《唐律》中规定：

诸州及镇、戍之所，各自有城。若越城及武库垣者，各合

徒一年。越县城，杖九十。（《卫禁律》越州镇戍等城垣）

若在唐代，车新的姐姐不过杖九十，重则徒一年而已。

对容易发生的罪行施以重刑，这不能简单地理解为专制政府的高压政策，其中或许还包含着市民相互间的权利尊重，以及治安维持上的考虑。进一步而言，这是一种宗教性的观念在起作用，作为 Sitte，墙垣神圣不可侵犯。这可以让我们联想到漠北时代的蒙古族曾有过诛杀踩踏帐篷领域者的风俗（南宋徐霆《黑鞑事略》）。

但是，城墙和墙垣的规模都相对有限，尽管作为其支柱的里制得以维持，但在不可逾越的 Sitte 存续的过程中，人们的思想逐渐发生了变化。古老的风俗终究无法束缚人们的行动，封闭且交通不畅的里制不可避免地日趋废弛。实际上西汉中期，里制恐怕已经沦落到了有名无实的程度。[6]经历东汉三国，进入六朝以后，里制全面衰亡，取而代之的就是新出现的坊制。

二　坊制的起源

如前所述，汉代以前的里是周边建有墙垣的一个区划，其外侧有街道环绕。住在里内的人们都把家门朝向内侧，只能利用门前的街巷通过闾门出入。破坏墙垣，直接把家门朝向街道都是禁止的。当然,例外也是存在的。政府的官衙、王公的府邸、军事警察的用地就可以不受限制,直接让大门面向街道。在这样的情况下,各衙署的长官和所有者就要对地域内部的治安承担责任,就像是一个小型的里一样,周围环绕着墙垣,就必然会从周边隔离出来。这样的区域通常都集中在重要的地段,周围的墙垣往往如里墙一般高大结实。这样的墙垣,以及墙垣包围起来的空间就称作“坊”。坊这个名称从里制走向废弛的东汉时期就普遍使用了,《广韵》的下平阳部“方”音下,对“坊”字的注解是:“汉官有太子坊。”如果“汉官”是东汉王隆《汉官篇》(又称《汉官解诂》)的正文,那么这就是东汉初期的文献了,是目前所见作为“坊”字这一用法的最早例证。又如《太平御览》卷一五七称:“《汉宫阁名》曰:洛阳城故北宫,有九子坊。”“九子”或许就是指太子以外的诸皇子。

曹魏以后,坊名的使用更加常见。《魏志》卷三《明帝纪》青龙三年条记其大修洛阳宫,裴注引《魏略》曰:

又于列殿之北立八坊,诸才人以次序处其中。

这是把后宫的居处称为坊的用例。《晋书》卷一六《律历志》载魏明帝奖励音乐:

昔魏明帝时,列和者承受一笛声以作此律,欲使学者各居一坊，歌咏讲习。

这类似于后世的“教坊”。最能表现坊的性质的是三公府之一的太尉坊，《水经注》卷一六“穀水”条曰：

魏明帝时，置铜驼诸兽于阊阖南街。陆机云：“驼高九尺，脊出太尉坊者也。”

这里的坊，既是指太尉府的建筑，也是指围绕着太尉府周围的墙垣。由此可知，当时太尉府的围墙高近九尺。《水经注》的下文中还记载有司徒坊。

西晋洛阳宫中有许多坊，分别冠以佳名，《太平御览》记载：

《晋宫阁名》曰：洛阳宫有显昌坊、修成坊、绥福坊、延禄坊、休征坊、桂芬坊、椒房坊、舒兰坊、艺文坊。

其中，椒房坊自然就是皇后居处的宫室，绥福坊可能是太子居处的坊。此外，《晋书》卷三二《孝武文李太后传》记载：

时后为宫人，在织坊中，形长而色黑，宫人皆谓之昆仑。

这里的织坊相当于汉代的织室，当时已经是迁都建康后的东晋时期。此后整个南朝，坊字的用法都没有改变，尤其是将太子宫称为坊。

于是，周围有高墙环绕的区域，以及高墙本身就被称作坊了。“坊”字原本通“防”，关于防字，《广韵》下平阳“房”音下有：“防，防御也，隄防也。”此处“防御”一词的含义与今天的用法有些细微的差别。《后汉书》卷四〇《班彪传》章怀太子注云：“防御，谓关禁也。”关即“关所”，是阻拦的意思；禁是禁榷、禁诃，是严厉取缔或统制的意思。所以“关禁”就是严格监视出入的意思。防御一词与此同义，它不是指军事上的防卫，而是接近警戒检察的意思。

坊是由坚固的墙垣围绕起来的小区域，即使城市因战争而荒废，坊的土墙也能残存下来。西晋惠帝元康二年(292)，潘岳为长安令，因追忆往日的长安而创作的《关中记》中就有这样一节：

> 汉筑长安城及营宫殿，咸以堙平。至今坊市，北据高原，南望爽垲，视终南如指掌。

坊市的痕迹清晰地留存了下来。市是财货集中的地方，需要建筑比普通的里更坚固的墙垣，但构造上与坊非常相似。

西晋灭亡后，华北处在异民族的统治之下，到处人心惶惶，治安状况不断恶化。因此，权势者有必要在其宅邸周围建起高大的墙垣。作为征服者的异民族王侯也不例外，《邺中记》记载了后赵石虎诸子相互残杀的景象：

> 石虎太子宣，与母弟蔡公韬迭秉政事。宣嫌终有代己之势。八月社日，韬登东明观游，暮还酌宴，作女伎，罢，宣遣力士巨鹿杨材等十余人，夜缘梯入韬第，斫杀之。

石虎之子石韬的宅邸周围，建造了不用梯子就无法翻越的高大墙垣。《晋书》卷一〇七《石虎载记》记载，石韬在佛精舍遇袭，刺客是用狒猴梯（绳梯）进入其中的。如果真是如此，佛寺周围必定也存在着高大的墙垣。其实在当时的情况下，如果没有高墙的保护，即便是权势者也难有片刻高枕无忧的时候。既然到了人人都必须建起高墙以求自卫的程度，就索性以政府的力量恢复古代的里制，以里为单位分别建起高墙，由里人承担起维护里中治安的责任，这是十分自然的趋势。进入北魏以后，以警戒为主要目的的古代里制就被人为地复活了，其周围的墙垣与此前的坊墙如出一辙，所以里最终被改称为坊。

三　北朝的坊制

道武帝被视为北魏王朝的始祖，他在定都平城、营造宫室的同时，施行了划定民人居住区域的里制。《魏书》卷二《太祖纪》

天赐三年(406)条载:

六月,发八部五百里内男丁筑漯南宫,门阙高十余丈,引沟穿池,广苑囿,规立外城,方二十里,分置市里,经涂洞达。三十日罢。

《水经注》卷一三“漯水”条中也有:

魏神瑞三年(泰常元年,416),又立白楼。……后置大鼓于其上,晨昏伐以千椎,为城里诸门启闭之候,谓之戒晨鼓也。

各里大门的开闭都以白楼的鼓声为信号。根据《魏书》卷三《明元纪》,外城在泰常七年(422)扩大为周围三十二里,经太武帝时的营造,平城已是壮丽的都城。《南齐书》卷五七《魏虏传》曰:

至佛狸(太武帝)破梁(凉之误)州、黄龙,徙其居民,大筑郭邑。截平城,四角起楼,女墙,不施屋,城又无堑。南门外立二十一阙,阙内立庙,四门各随方色,凡五庙。……其郭城绕宫城南,筑为坊,坊开巷。坊大者容四五百家,小者六七十家。每南(或是衍字)坊搜检,以备奸巧。

原先称为里的地方，这里都称作了坊。可能里是公称，坊是民间的称呼。这里还明文指出，设置坊的目的就在于警戒和维持治安。太武帝经营都城的年代，与《魏书》卷四《世祖纪》太平真君十一年(450)二月条所称"是月，大治宫室"是相当的。

孝文帝从平城迁都洛阳时，平城的里制完全被引入了新都洛阳。北魏洛阳城以汉晋旧城(南北九里，东西六里，俗称"九六城")为内城，在其周围新建了东西二十里、南北十五里的外郭，以两重城郭包裹着宫殿和民居。城内和郭内的民居都被划分为里，并各自赋予佳名。据《洛阳伽蓝记》卷一《永宁寺》"九层浮图"条：

常景共(青州刺史刘)芳造洛阳宫殿门阁之名，经途里邑之号。

洛阳三百多个里，均为高祖孝文帝时常景、刘芳二人所命名。里是正式的称呼，民间将其俗称为坊。《洛阳伽蓝记》卷四"城西"条曰：

自退酤以西，张方沟以东，南临洛水，北达芒山，其间东西二里，南北十五里，并名为寿丘里，皇宗所居也，民间号为王子坊。

此外城南还有俗称“吴人坊”的里。《洛阳伽蓝记》卷二“城东”条曰：

> 城南归正里，民间号为吴人坊，南来投化者多居其内。近伊洛二水，任其习御。里三千余家，自立巷市。

无论王子坊还是吴人坊，其区域都十分广阔，比通常考虑的“一里四方”大上几倍甚至几十倍。如此广阔的空间或许还要进一步细分，至于每一部分如何称呼就不得而知了。

民间不只把特殊的里称为坊，似乎是将所有里都称作坊。《魏书》卷一八《广阳王嘉传》曰：

> 迁司州牧，嘉表请于京四面筑坊三百二十，各周一千二百步，乞发三正复丁，以充兹役，虽有暂劳，奸盗永止。诏从之。

这与《魏书》卷八《世宗宣武帝纪》景明二年（501）条是互相对应的：

> 九月丁酉，发畿内夫五万人筑京师三百二十三坊，四旬而罢。

当然，各里的周围本身就存在墙垣，此时只是进一步的修补加固而已，筑墙的目的正如广阳王元嘉所说，无非就是为了警戒和维持治安。

其实，北魏王朝虽是鲜卑族拓跋氏建立的国家，但其征服的民族包括匈奴、羯、氐、羌、巴蛮等数种，再加上汉族的影响，形成了一支语言、习惯均不相同的混合部队，都城周围的情况尤其复杂。为了实行统治，唯有采用分割治理的方法，因此才有了将都城居民分割成里的政策。里中的里正、里吏、门士都担任着警戒的任务。《洛阳伽蓝记》卷五云：

京师东西二十里，南北十五里，户十万九千余。庙社宫室府曹以外，方三百步为一里，里开四门，门置里正二人，吏四人，门士八人，[7]合有二百二十里。[8]寺有一千三百六十七所。

由此可见，洛阳的里和唐朝一样，东西南北各开一门，每门配有门士二人，监督居民的出入。里正之上有经途尉，再往上还有六部尉。《魏书》卷六八《甄琛传》收录的奏文中称：

今迁都已来，天下转广。四远赴会，事过代都。五方杂沓，难可备简。寇盗公行，劫害不绝。此（或是“皆”之误）由诸坊混杂，厘比不精，主司暗弱，不堪检察故也。……京邑诸坊，大者或千户、五百户。其中皆王公卿尹，贵势姻戚，豪猾仆隶，荫养奸徒，高门邃宇，不可干问。……请少高里尉之品，选下品中应迁之者，进而为之。则督贵（或是“察”之误）有所，辇毂可清。诏曰：里正（流外四品）可进至勋品，经途从九品，六部尉正九品，诸职中简取……琛又奏以羽林为游军，于诸坊巷司（伺）察盗贼。于是京邑清静。

这应该是世宗宣武帝晚年的事了。一里有四门，但一到夜间就大门紧闭，阻断与外界的交往，便于搜查盗贼。《魏书》卷六六《崔光韶传》记载了这样一个故事：

光韶在都，同里人王蔓于夜遇盗，害其二子。孝庄诏黄门高道穆令加检捕，一坊之内，家别搜索。至光韶宅，绫绢钱布，匮箧充积，议者讥其矫啬。

这已经是北魏末年的情况了。

因此，里是警戒检察事务上的一个单位，但当时还有独立于里之外并拥有治外法权的佛寺。佛寺大多破坏墙垣，寺门直接面向街道，通过高墙与背后的里处于隔绝状态。但是，如果一千三百多座佛寺全都游离于里制之外，这必然有碍于治安的维持，所以常常出现尽可能将之封闭于里内的提议。《魏书》卷一一四《释

老志》记载了神龟元年(518)任城王元澄的上奏:

(都城内佛寺)悉令坊内行止,不听毁坊开门,以妨里内通巷。[9]若被旨者,不在断限。郭内准此商量。

元澄的这一请求获得了认可。

不过,北魏新都洛阳的繁华没能持续太久,孝静帝天平元年(534),都城成为高欢的势力范围,魏都被迫迁至邺城,宇文泰在关中拥立孝武帝与高欢对抗,北魏分裂成东魏和西魏。东魏孝静帝把包含新都邺城在内的相州刺史改称司州牧,改魏郡太守为魏尹。原来邺城的居民集中居住在西侧,称邺县;东侧的空地新设临漳县,用来安置来自洛阳的居民,并在东北新设了成安县。邺县在十二经途尉之下有一百三十五里,临漳县为九经途尉、一百十四里,成安县则领有十一经途尉、七十四里(《隋书》卷二七《百官志》)。随着东魏的灭亡,邺城成了北齐的都城,各里设置里正和里吏,与洛阳旧例并无二致。《通典》卷三"乡党"条记载了北魏时期的情况:

至于城邑,一坊侨旧或有千户以上,唯有里正二人,里吏二人。里吏不常置。隅老四人,非是官府,私充事力,坊事亦得取济。

其中的里正是二人,《北齐书》卷二八《元孝友传》则载:

> 京邑诸坊,或七八百家唯一里正、二史,庶事无阙。

这里称里正为一人,而“二史”,应据其他史料写作“二吏”才对。

北齐最终被宇文氏建立的北周所灭,包括邺城在内的司州又重新回归为相州。北周末年相州总管尉迟迥的叛乱被平定后(580),邺城也遭到了彻底的破坏。

北朝公称的里在民间被叫作坊,坊名逐渐普遍,这与高墙围绕的特别区域称作坊是并行的。《洛阳伽蓝记》卷三“城南”条记载:

> 永桥南道东有白象、狮子二坊。白象者,永平二年乾罗国胡王所献。

这是把饲养动物的种类用作坊名的例证。《魏书》卷七下《高祖孝文帝纪》太和二十一年(497)九月丙申条中,记载了六十岁以上患病老人接受治疗的诏书:

> 有废痼之疾,无大功亲,穷困无以自疗者,皆于别坊,遣医救护。

这是把疗养设施用作坊名的例子。又《水经注》卷三二"肥水"条称：

(西昌)寺西即船官坊也。

这里是指造船场。《通典》卷三〇《职官》"东宫"条隋詹事下自注云：

北齐已有典书坊。

这里是指皇太子的官衙。还有,《资治通鉴》卷一六三"梁简文帝纪""大宝元年(550)八月"条称：

齐主(高洋)简练六坊之人,每一人必当百人,任其临阵必死。

其下胡注曰："魏齐之间,六军宿营之士分六坊。"这里指的是军营,所以又称作军坊。《广韵》下平阳韵方音坊条曰：

坊,亦州名。本上郡地,周于今州界置马坊。武德初,置坊州,因马坊为名。

这是把牧场用作坊名的事例。这样的用法一直持续到唐代，教坊、五坊等名称是众所周知的。

四　唐代的坊制

长安城自汉代以来几经变迁，且新旧混杂，同时留下了许多历史污点，篡夺北周政权、建立隋朝的隋文帝嫌其丑陋，于是在旧长安城的东南方筹建一座新的都城。开皇二年(582)，隋文帝下诏令左仆射高颎等人修建新都，次年便迁居了新城。新都城名大兴，隋唐鼎革后，唐朝继续以大兴城为都，并恢复了长安这一旧名，城郭邑里的规模都没有太大的改变。

如上所述，北魏时期将都市郭城中规划出来的居民区公称为里，民间多俗称为坊。隋初曾一度正式将里改称为坊，但《隋书》卷二八《百官志》中又重新称其为里，唐朝以后才正式改称坊。另外，里的称呼在隋代曾用于畿外之地，指大约由二十户人家组成的邻里组织，[10]唐朝以后，里的这种邻里组织在乡村开始普遍起来，成为以百家为单位的邻里组织的名称。《通典》卷三引大唐令称：

> 诸户以百户为里，五里为乡，四家为邻，五家为保。每里置正一人，掌按比户口，课植农桑，检察非违，催驱赋役。

邑居者为坊,别置正一人,掌坊门管钥,督察奸非,并免其课役。

城市中有除了有用坊墙围起来的坊外,还有依据户数人为组织起来的里,形成了双重区划。坊设坊正,里设里正。坊正可能是每坊一人,一坊的户数可能在几百家以上,里正的人数每坊应该在两人以上。如此看来,似乎坊正居于上位,里正处在下位。但事实正好相反,从上述引文的后续内容中可以得到佐证:

诸里正,县司选勋官六品以下、白丁清平强干者充。其次为坊正。若当里无人,听于比邻里简用。

究其原因,里正和坊正在职务上虽然具有许多共通的要素,但最大的不同在于里正是掌管经济财政性的职务,如按比户口、课植农桑、催驱赋役等,坊正则没有这样的责任,只是掌坊门管钥等与坊有关的事务。也就是说,里正虽然也有警戒检察的任务,但更偏重于赋税财政性的职责,坊正则只负责一坊之地的警察事务。两者之中,里正更受到重视,这一点非常引人注目。[11]

如前文所述,北魏时期复活里制,纯粹是出于警戒治安的目的。但随着时代和社会的变迁,尤其是异民族汉化程度的不断加深,治安情况无疑有了显著的改善。伴随着隋朝的统一以及中央集权政策的强化,原来的警察型国家逐渐蜕变成财政型国家。这里所说的财政型国家，是指将财政优先于军事和警察的政府。我主张后来的宋朝是典型的财政型国家，但其雏形早在隋初就已经出现了。因此，一坊之中仅有一名坊正，里正则可能存在多名，这样的情况是值得重视的，预示着中国社会将迎来相当重大的历史性转变。

站在这样的立场上重新审视唐朝的坊制，相比起汉代的里，其警察性的意义从一开始就比较淡薄。汉代的里厉行保全周边的里墙，只有万户侯才能破墙，将宅邸之门面向街道。《汉书》卷一六《高惠高后文功臣表》所载建国功臣中，只有封户一万零六百户的曹参和万户的张良是万户侯，八千户的萧何和五千户的陈平都没有获得这样的殊荣。然而，隋唐时代的长安，坊的东西南北各开一门，东西门和南北门之间各有一条称作横街和纵街的大道，比起汉代的里来，开放程度显著提高了。[12]但是，四面的坊门夜间还是紧闭的，不得夜行这一宵禁令与汉代相同。

其次，唐代能够突破坊墙面街开户的特权者数量有了显著增加。由于数量过于庞大，各家门户的启闭与里门的启闭不一致，最终形成治安上的障碍，因此限制此类恩典成了朝议的话题。《唐会要》卷八六《街巷》太和五年(831)条载：

> 左右巡使奏：伏准令式，及至德长庆年中前后敕文，非三品以上及坊内三绝，不合辄向街开门，各逐便宜，无所拘限。因循既久，约勒甚难，或鼓未动即先开，或夜已深犹未闭，致使

街司巡检,人力难周,亦令奸盗之徒,易为逃匿。伏见诸司所有官宅,多是杂赁,尤要整齐。如非三绝者,请勒坊内开门,向街门户,悉令闭塞。

这里指出了坊正管理之外的向街门户有碍于治安管理,建议予以禁止。其中还提到了在两类情况下允许面街开设门户,首先是三品以上的高级官员。据《通典》卷四〇引开元二十五年制定的《大唐官品》,三品以上的官员,上自正一品太师,下至从三品护军(勋),共计一百零九人。当然其中会有缺员,但也有一官数人的情况。而且祖先一旦面街开门,子孙也无法立即关闭,这就形成了世袭的既有特权。如此看来,不得不说唐朝不受坊制约束的特权者数量是非常庞大的。此外,寺院恐怕也是特殊对待的,例外的情况变得越来越多。

其次是文中所说的"坊内三绝"。"三绝"通常解释为三种绝品,但这里并不是这个意思。由于太多的特权者面街开门,必然会引起交通堵塞等情况,也就是面朝坊内,三个方向都处于堵塞的状态。如果坊内各个方向的交通都被特权阶层的宅邸围墙隔断,那么就只能破坏坊墙朝街开门了。所谓"三绝",或许就是"三方路绝"的简称。[13]

随着面街开门情况的日趋频繁,利用坊的封闭性便于治安管理的最初目的消失殆尽。从上述左右巡使的上奏中不难看出,到了太和五年,宣称三品以上官僚的宅邸,其实多数都是各种出租房屋，因此建议面街的门户应当全部封闭，只允许“坊内三绝”一种特例的存在。这一上奏得到了认可，然而是否产生了实际效果则十分可疑。无论如何，此后长安的坊制一路走向了崩溃。关于这一发展过程，加藤繁博士的著名论文《关于宋代都市的发展》（见其《支那经济史考证 上》）可资参考。

五 坊制的崩溃与侵街钱

唐的长安城以贯通南北的朱雀大街为界，将左右分割成万年县和长安县。坊正、里正之上，还有作为负责治安的政府机构左右巡使和左右街使。左右巡使由御史交替外出巡查，都城内的各个角落，乃至各坊内部都是巡查的对象，每天两次的坊门启闭也是左右巡使的职责。[14]

街使则由金吾衙的武官出任，专门从事坊外街道上的警察事务。街使的职务见于《新唐书》卷四九上《百官志》：

> 左右街使，掌分察六街徼巡。凡城门、坊角有武候铺，卫士彍骑分守。大城门百人，大铺三十人，小城门二十人，小铺五人。日暮，鼓八百声而门闭；乙夜，街使以骑卒循行嚣呼，武官暗探。五更二点，鼓自内发，诸街鼓承振，坊市门皆启。鼓三千挝，辨色而止。

街使是街道路面的负责人,上文引用的是太和五年巡使请求禁止破坏坊墙的上奏,同一月中,街使也上奏指责侵占长安街道路面的行为,请求除去侵占物。这是一个值得注意的现象,《唐会要》卷八六在上述引文之后提到:

> 其月,左街使奏:伏见诸街铺,近日多被杂人及百姓诸军诸使官健起造舍屋,侵占禁街,窃虑停止,奸人难为分别。今除先有敕文,百姓及诸街铺守捉官健等舍屋外,余杂人及诸军诸使官健舍屋并令除折,所冀禁街整肃,以绝奸人。敕旨所折侵街舍,宜令三个月限移折,如不碍敕文者,仍委本街使看便宜处分。

街道上出现了警察等使用的小屋后,其他人也开始仿效,私自占用街道路面。值得注意的是,长安街道十分宽阔,最宽处可达147米,最窄也有69米。即便两侧都被占为私用,也不至于成为交通上的阻碍。[15]可以想象,私自占用街面,只是有碍观瞻,不成体统而已。

但是,针对侵占街道的禁令绝不是太和年间才出现的,很早之前就已经存在。《唐会要》卷八六“街巷”条曰:

> 大历二年五月敕:诸坊市街曲,有侵街打墙,接檐造舍等,

先处分一切不许,并令毁拆。

大历二年(767),距离最早下令不得面街开门的至德年间(756—757),只过去了十年。由此可见,破坏坊墙和侵占街道有着密切的关联,相关禁令的发布也是前后相接的。

在破墙开门和侵占街道这两件事中,破坏坊墙、面街开门是居民的强烈要求,这样的行为尚不至于造成官有财产的亏损,并因屡禁不绝,以官宪之力尚难完全取缔。于是,街道的管理重点就转向了对侵占官地行为的取缔。《唐会要》卷八六“街巷”条收录了大中三年(849)六月右巡使的奏文,指责前任宫苑使韦让侵占怀真坊西南角亭子以西的街道,私自造屋九间,于是下旨命令拆除。值得注意的是,这样的侵街行为,历经五代一直延续到了宋朝。

进入五代时期,后梁将军阀时代的根据地开封定为都城,后唐则站在复古主义的立场,把唐朝的东都洛阳定为都城。但洛阳的街道也被两侧居民侵占,明宗于长兴二年(931)下令整顿。《五代会要》卷二六“街巷”条载:

其诸坊巷道两边,当须通得车牛,如有小街巷,亦须通得车马来往,此外并不得辄有侵占。应诸街坊通车牛外,即或有越众迥然出头,牵盖舍屋棚阁等,并须尽时毁拆。

由此看来,居民侵占街道已是既成事实,彻底回到唐朝那样的状况已不可能,政府只得承认这一现状,只要大街上留出车牛相向通行的空间、小街上留出单向往来的空间,其余就不得不选择默认。后晋之后,都城再次回到开封,可以推测也遇到了大致相同的情况。

五代末期,后周世宗于显德二年(955)四月下诏,在开封旧城的外围建筑罗城,扩大都城的面积,三年后又厘定都城街道制度。《五代会要》卷二六载:

> 其京城内街道,阔五十步者,许两边人户于五步内取便种树掘井,修盖凉棚。其三十步以下至二十五步者,各与三步,其次有差。

也就是说,街道两侧各留十分之一的空间以作临时使用。

唐朝中期以来的都城街道问题,至此告一段落。起初,政府对于坊制的维持存有留恋,试图禁止破坏坊墙和面街开门的行为。第二阶段中,因面街开门而引起的侵占街道行为也成为禁止对象,但两者都没有取得成效。进入第三阶段后,面街开门已经无法阻止,于是不得不放弃禁止政策,专心取缔侵占街道的行为。第四阶段中,五代各王朝的都城本来都是地方都市,民众侵占街道的行为早已有之,回到旧时的面貌已经不可能,于是只要不妨碍交通就不加以追究,通过设置一定的限度来阻止进一步的侵占。

注释：

1. 拙稿《中国聚落形态的变迁——关于邑、国、乡、亭、村的考察》，《大谷史学》第六号。

2. 此处所引《春秋繁露》的文本据《四部备要》所收复刻抱经堂本。《四部丛刊》所收复刻武英殿聚珍版本中缺少「民」、「邑里」三字，故从抱经堂本。

3. 有关「中门」的用法，《周礼·天官·阍人》称：「阍人掌守王宫之中门之禁（郑注：中门于外内为中）。」也就是说，中门是内门与外门之间的门。如果是这样，里的北门与南门之间的门也不妨称作中门。

4. 与「间」意思相近的是「阛」。《说文》曰：「阛，市外门也。」不是「市外之门」，而是「市之外门」。

5. 梁车新。「新」又作「薪」。是梁国的车新，还是姓梁名车新，还是把「新」字句读到下一句，读作「梁车」，存在着多种争议。因对本文不是重要的问题，姑且解作梁国的车新。

政府的这种态度一直延续到了宋代，《续资治通鉴长编》卷一七“开宝九年（976）四月乙巳”条载：

（太祖）宴从臣于会节园，还经通利坊，以道狭，撤侵街民舍益之。

同书卷七九“大中祥符五年（1012）十二月甲戌”条曰：

注释：

6. 里制与宵禁有关，但有记录显示，西汉时期宵禁就已松弛。《史记》卷一二四《游侠传》记载，郭解为轵人，「邑中少年及旁近县贤豪，夜半过门常十余车」。夜半到其宅邸的乘车者达十余车，可见宵禁并不严厉，可能连里门都没有关闭。

7. 洛阳里正的人数。《洛阳伽蓝记》卷五记载：「方三百步为一里，里开四门，门置里正二人、吏四人、门士八人。」按字面解读，就成了一里有里正八人、里吏十六人、门士三十二人，这就太多了。《元河南志》卷三《后魏城阙古迹·洗烦池》条引上述《伽蓝记》文，其中「门」字只有一个，当从之，一里有里正二人、吏四人、门士八人。

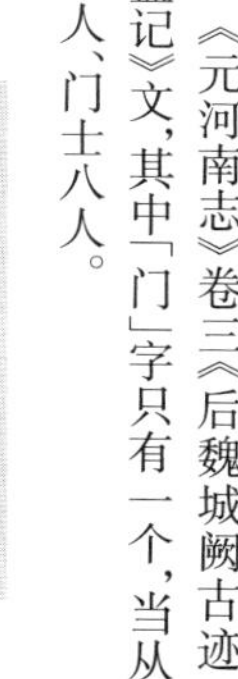

前诏开封府，毁撤京城民舍之侵街者，方属严冬，宜俟春月。

这一诏书的实效令人怀疑，因为下一代的仁宗在景祐年间又一次命令整顿京城内的侵占街道行为。《续资治通鉴长编》卷一〇五“景祐元年（1034）十一月甲辰”条载，旧城内侵占街道的民舍，屋檐外的增建部分全部拆毁。据同书卷一〇六“景祐二年三月丁酉”条，今后城内因民舍侵占官街者从严治罪。但此时要求旧城内的街道要与新城街道一致，保证最大宽度在五十步，并不

注释：

8. 洛阳的坊数。北魏洛阳的坊数，仅本文所举的文献便相互龃龉。《魏书·广阳王嘉传》作三百二十坊，与同书《世宗纪》所言三百二十三坊仅相差三坊，但与《洛阳伽蓝记》的二百二十里相差约一百坊。三百二十坊可能是把总面积换算成坊数的结果，二百二十里则是从总面积中除去庙社宫室府曹后剩下来的居民部分的坊数。

9. 里内通巷的意义。寺院破坏坊墙并面街开门后，就意味着独立于警察机构之外，在自己的地盘后方与坊地相接处建起了墙垣，隔断交通。比如图中所示的寺院，本来在A点开门面向街巷，但门的位置逐渐推进到了B点。当大门面朝街道时，必然会遮挡原有的街巷，阻断街巷的交通。

是要彻底恢复到唐时的旧例。换言之，政府不得不承认一定程度的侵占街道已成事实。但如果认可现有的侵街屋舍，采取放任不管的态度，那么很难想象政府的这一承诺所换得的成效。事实上，我们在宋代史料中常常能看到“侵街钱”一词。《续资治通鉴长编》卷二九七“元丰二年(1079)四月辛酉”条载：

> 盐铁判官、提举成都府等路茶场、国子博士李稷权陕西转运使，兼制置解盐使、都大提举茶场。稷在长安州军县镇创增侵街钱，一路骚然，与李察皆苛暴，时人为之语曰：“宁逢黑杀，莫逢稷察。”

注释：

10. 隋代的里。进入隋代后，里不仅存在于城郭之内，郭外的乡村中也出现了里。《隋书》卷七二《李德饶传》载其为赵郡柏人人，为父母之丧尽孝，当时纳言杨达巡查河北，曾到他的庐中吊唁，因此，其所居之村改为孝敬村，所居之里起名和顺里。进入唐朝后，无论城邑和乡村，人为划定的百户区域都称作里。

11. 唐代的坊正和里正系统。从职务上来说，唐代的坊正相当于北魏、北齐和隋代的里正，唐代的里正相当于北魏、北齐的里吏。

12. 关于唐代地方城市的坊。唐代长安的坊通常设有东西南北四个门，也有只设东西两个门的情况，地方小城市内的坊可能只设南门。《资治通鉴》卷二四六「唐文宗开成三年正月」条胡注云：「唐诸坊之南皆有门，以时启闭。」只提到有南门。

这里提到的“创增侵街钱”一事值得注意。在创设的同时，还对旧有之物进行了增税。李稷管辖的地区是包括长安在内的陕西路，也许侵街钱早在唐朝就开始征收了。这一政策的推行遭到了时人的非难，当事人还被卷入了新旧两派的党争之中，新法党是厉行派，旧法党则是容忍派。《续资治通鉴长编》卷三七七“元祐元年(1086)五月壬戌”条载，属于旧法党的殿中侍御史吕陶弹劾梓州路转运副使李琮：

> 洎至缘琮所请立为著令，天下州县遂打量街道，分擘沟渠，虽是已出租税之地，但系侵占丈尺，并令别纳租钱。若不

注释：

13. 关于「坊内三绝」。如图所示，A 区域的三面都被特权阶层的宅邸包围，必须破墙而开设门户。《后汉书·西域传》「条支国」条中有「三面路绝」之语，《水经注》卷一五「洛水」条形容一合坞城「南北东三箱，天险峭绝」，这些都可以简称为「三绝」。

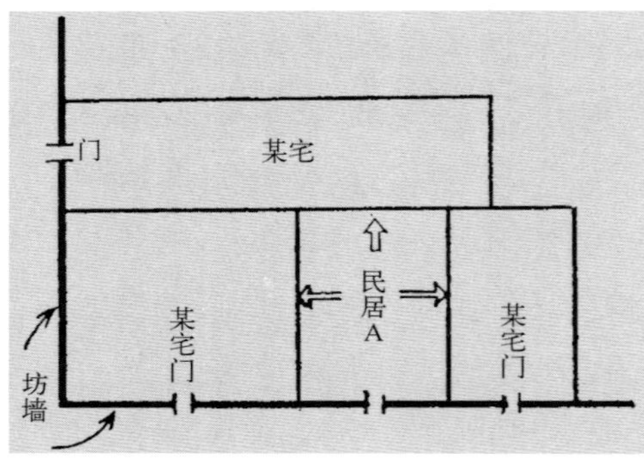

承认，则彻屋翦檐，然后获免。西川州郡，有一处岁入八百贯以来，推之四海，掊敛甚多，皆琮细碎刻剥所致。

新法党执政时期曾依据李琮的建议，在社会上广泛调查侵街行为并令其纳钱，这一做法在进入旧法党执政时期后就被指责为横征暴敛。从公平的立场上来看，征收侵街钱是十分合理的解决方案，这也正是宋代政治不执着于理念的原则，善于应对现状采取现实性政策的表现。无论如何，一旦侵占街道路面的行为得到了认可，深处的坊墙就会变得无人问津。此后，坊不再指原先的方形居住空间，而演化成为原先坊内的街道名称，原先的坊门也成了街道出入口的标识，在表示街内的地址时，这道门常常被用作路标。

原载《东洋史研究》第二十一卷第三号，1962年12月

注释：

14. 关于巡使。《资治通鉴》卷二三九「唐宪宗元和十一年十一月庚子」条载，柳公绰任京兆尹时，曾杖杀阻其路的神策军小将，当天子问及为何不上奏时，柳公绰对曰：「职当杖之，不当奏。」上曰：「谁当奏者？」对曰：「本军当奏；若死于街衢，金吾街使当奏；在坊内，左右巡使当奏。」从中可以看出街使和巡使的区别。正文之下有胡三省对巡使的说明：「按，唐监察御史十员，里行五员，掌内外纠察，分为左右巡，纠察违失。以承天朱雀街为界，每月一代。将晦，即巡刑部、大理、东西徒坊、金吾及县狱。」

15. 关于长安的街道，参照平冈武夫编《唐代的长安和洛阳·地图篇》序说，第20—21页。